LOS HOMBRES DE NEGRO

Historias Verdadaderas y Evidencia Detrás de la Misteriosa Organización Conectada al Fenómeno Extraterrestre

KENELM HICKS

© **Copyright 2020 – Kenelm Hicks - Todos los derechos reservados.**

Este documento está orientado a proporcionar información exacta y confiable con respecto al tema tratado. La publicación se vende con la idea de que el editor no tiene la obligación de prestar servicios oficialmente autorizados o de otro modo calificados. Si es necesario un consejo legal o profesional, se debe consultar con un individuo practicado en la profesión.

- Tomado de una Declaración de Principios que fue aceptada y aprobada por unanimidad por un Comité del Colegio de Abogados de Estados Unidos y un Comité de Editores y Asociaciones.

De ninguna manera es legal reproducir, duplicar o transmitir cualquier parte de este documento en forma electrónica o impresa.

La grabación de esta publicación está estrictamente prohibida y no se permite el almacenamiento de este documento a menos que cuente con el permiso por escrito del editor. Todos los derechos reservados.

La información provista en este documento es considerada veraz y coherente, en el sentido de que cualquier responsabilidad, en términos de falta de atención o de otro tipo, por el uso o abuso de cualquier política, proceso o dirección contenida en el mismo, es responsabilidad absoluta y exclusiva del lector receptor. Bajo ninguna circunstancia se responsabilizará legalmente al editor por cualquier reparación, daño o pérdida monetaria como consecuencia de la información contenida en este documento, ya sea directa o indirectamente.

Los autores respectivos poseen todos los derechos de autor que no pertenecen al editor.

La información contenida en este documento se ofrece únicamente con fines informativos, y es universal como tal. La presentación de la información se realiza sin contrato y sin ningún tipo de garantía endosada.

El uso de marcas comerciales en este documento carece de consentimiento, y la publicación de la marca comercial no tiene ni el permiso ni el respaldo del propietario de la misma.

Todas las marcas comerciales dentro de este libro se usan solo para fines de aclaración y pertenecen a sus propietarios, quienes no están relacionados con este documento.

Índice

Introducción	vii
1. La mente de Albert Bender	1
2. La farsa del MIB continúa	27
3. El hombre del espacio de Solway Firth	37
4. Desenmascarar a los impostores	43
5. John Keel se adentra en el misterio	51
6. Otras desventuras con el MIB	63
7. Testigos silenciosos del MIB	75
8. Las Mujeres de Negro	89
9. Alucinaciones	103
10. Tulpas y vampiros	119
11. Investigadores civiles	139
12. La infalibilidad de la MIB	149
Conclusión: ¿Quiénes son los MIB? ¿Y qué quieren?	155

Introducción

Se sabe relativamente poco sobre los Hombres de Negro, también conocidos como MIB, pero los pocos detalles que han salido a la luz son suficientes para provocar escalofríos.

Los testimonios de sus visitas, por fugaces que sean, parecen golpearnos en las entrañas en cuanto los oímos. Estas narraciones juegan con nuestros miedos más inquietantes y nuestras sospechas más profundas. De hecho, estos extraños maestros del misterio, que nos ponen la piel de gallina, parecen tocar a propósito nuestros miedos como un violín de plumas finas.

Estas misteriosas figuras son famosas por su capacidad para elevar nuestras emociones de pavor y ansiedad a un nivel febril. Los que se han sometido al tratamiento

Introducción

MIB dicen que por eso pierden de repente las ganas de hablar de los sucesos paranormales de los que habían sido testigos. ¿Ha visto algo extraño en el cielo?

¿Quiere contar a todos sus amigos lo asombroso que fue? Pues unas palabras de los Hombres de Negro, ¡y puede que nunca vuelvas a hablar de ello!

Si trabajan para el gobierno de Estados Unidos, entonces el aparato de inteligencia estadounidense es mucho más sofisticado y de mayor alcance de lo que incluso Edward Snowden podría haber imaginado. Pero la mayoría de los que se encuentran con los Hombres de Negro se alejan con la sospecha de que el misterio de estas entidades es mucho más profundo que los secretos más profundos del Estado.

Sea como fuere, no encontrará un libro con una historia tan detallada de este increíble fenómeno en ningún otro lugar.

Así que, antes de que el MIB decida confiscarlo, ¡adelante, lea este libro!

La extraña persuasión de los Hombres de Negro

Introducción

Suelen venir en grupos de tres, sin previo aviso, aporreando las puertas de personas que de alguna manera han estado relacionadas con los ovnis. En cuanto algún desafortunado abre la puerta, estas extrañas figuras irrumpen a la fuerza en su casa blandiendo insignias de aspecto oficial y gritando incoherencias. Desde el principio, estos extraños hombres vestidos de negro parecen decididos a crear el mayor desorden y discordia posibles. Es como una extraña operación encubierta llevada a cabo por una autoridad desconocida, sin otro propósito inmediato que perturbar y perturbar al objetivo.

Pero entonces, después de que el desventurado anfitrión quede completamente destrozado por la andanada inicial, los MIB cambian el curso de la conversación hacia los extraterrestres y los ovnis. Si la persona ha tomado recientemente una foto de una nave, estos extraños hombres parecen saberlo todo sobre ella, e incluso conocen detalles en los que el fotógrafo nunca reparó. Una vez que el propósito de su sorprendente aparición se da a conocer, suelen hacer una vaga pero completamente escalofriante amenaza de que si su anfitrión no "deja de hablar de OVNIs", se va a arrepentir.

Además de amenazar a la persona, a veces intentan asegurarle que su cooperación es por el "bien del país",

Introducción

o a veces incluso por el "bien del mundo"; y lo que es aún más extraño, estos extraños hombres han afirmado ocasionalmente que obedecer sus órdenes es "por el bien del universo".

Pero sigue siendo una incógnita de qué país, mundo o universo proceden estas extrañas entidades. Al principio, se suponía que los MIB no eran más que los agentes del gobierno que a veces decían ser: una rama secreta de la Fuerza Aérea, la CIA, o tal vez incluso miembros del FBI.

Pero a medida que aumentaba la extrañeza de los encuentros con los MIB, quedó claro para la mayoría de los investigadores y experimentadores que las entidades conocidas como los Hombres de Negro representaban algo que ninguna agencia gubernamental podía explicar.

Al examinarlos más de cerca, su apariencia a menudo parecía sorprendentemente inhumana. Se ha informado de que su piel parece de plástico o goma, y supuestamente no tienen pelo ni en el cuerpo ni en la cabeza: no sólo son calvos y están bien afeitados, ¡ni siquiera tienen cejas! Y si su aspecto es similar al de los maniquíes, su comportamiento suele ser robótico. Caminan y se mueven de forma torpe, y también parecen tener problemas con las nociones básicas de la interacción humana normal, a menudo emplean mal las palabras comunes y muestran un lenguaje corporal extraño y desagradable.

Este fue el caso del primer encuentro con el MIB del que se tiene constancia, cuando un apacible pescador llamado Harold A. Dahl tuvo un encuentro bastante traumático con lo desconocido. Dahl estaba a bordo de su barco pesquero con su hijo y su perro cuando vio seis naves no identificadas de aspecto extraño volando sobre ellos. Mientras miraban fijamente a las extrañas naves, una de ellas arrojó lo que Dahl describió más tarde como "lava fundida" sobre su barco. Fuera intencionado o no, el metal caliente alcanzó directamente a su perro, matándolo en el acto. Aunque salvaron la vida, Dahl y su hijo sufrieron quemaduras graves y tuvieron que ser hospitalizados. Dahl estaba muy afectado por la experiencia, pero se recuperó e incluso tuvo la presencia de ánimo para recoger la escoria que se había solidificado a bordo de su pesquero.

Poco después de este raro hallazgo, Dahl recibió la temida llamada a su puerta y se encontró ante él a un hombre vestido de negro de pies a cabeza.

El hombre parecía dolorosamente fuera de lugar, pero al mismo tiempo proyectaba una autoridad aterradora mientras exigía a Dahl que olvidara todo lo que había presenciado. Tras varias visitas de este tipo, Dahl se convenció por completo. No sabía quién era aquel hombre, pero se sentía obligado a escuchar la extraña persuasión del Hombre de Negro.

1

La mente de Albert Bender

Experiencia con MIB

Uno de los primeros y más documentados relatos de MIB -de hecho, el relato que tal vez dio el pistoletazo de salida a todos ellos-fue la experiencia de un simple oficinista llamado Albert Bender. El Sr. Bender era un candidato poco probable para la fama y notoriedad que pronto adquiriría.

Tras un breve paso por el ejército durante la Segunda Guerra Mundial, volvió a vivir en el ático de su padrastro. A sus treinta y pocos años, era una persona de edad tardía que aún luchaba por encontrar su camino en la vida.

. . .

Pero desde aquellas humildes paredes del desván de su padrastro, Bender acabó fundando el primer gran grupo civil de investigación de ovnis, la Oficina Internacional de Platillos Volantes (IFSB). Bender llevó a la IFSB a la vanguardia de la búsqueda de respuestas en el naciente fenómeno OVNI en abril de 1952 con la publicación de un periódico llamado *The Space Review*. La obsesión de Bender por los ovnis caló hondo, y pronto entusiastas afines de todo el mundo se pusieron en contacto con él para comunicarle sus propios avistamientos.

En el lenguaje actual, podría decirse que la organización y la revista de Bender se hicieron virales. Pero a pesar de la enorme popularidad que alcanzó la IFSB, la organización no tardó en ser clausurada. Pocos meses después, tras una visita de nada menos que los Hombres de Negro, Bender se convirtió en objeto de una amplia gama de fenómenos extraños. La actividad comenzó con una simple llamada telefónica.

El padrastro de Bender había salido, así que estaba solo en casa. Debería haberle resultado bastante sencillo descolgar el anticuado teléfono de disco que ambos compartían, pero en cuanto se acercó el teléfono a la oreja, se sintió extraño.

Sintió un repentino e inexplicable escalofrío que le recorría la espalda. Y mientras preguntaba repetidamente: "¿Diga?

¿Hola?", nadie respondió.

Pero, aunque no hubo respuesta, Bender tuvo la clara sensación de que, efectivamente, había alguien escuchándole a través del teléfono.

Tras unos instantes de inquietante silencio, Bender se sintió mareado y colgó el teléfono de golpe. Se dirigió directamente a su cama, donde cayó inmediatamente en un sueño agitado. Fue un suceso extraño y fácil de olvidar, pero poco después, esa misma semana, la extraña llamada volvió a la mente de Bender a la luz de otro suceso mucho más inexplicable. Dejando a un lado las presiones de dirigir el IFSB, Bender intentaba disfrutar de una tarde a solas en el cine de su barrio, el lugar al que solía acudir cuando quería despejar la mente.

Sin embargo, la película -sin duda una de las muchas películas de ciencia ficción de serie B que eran populares en aquella época-resultó ser un fracaso, y no sirvió de mucho para mantener su atención. Era poco más de medianoche cuando terminó la película y Bender empezó a caminar solo hacia su casa por las somnolientas calles de la ciudad. No perdía de vista a los atracadores, por si acaso, pero no era de un ladrón de lo que tenía que preocuparse, sino de algo mucho más nebuloso que parecía perseguirle.

Aunque no podía distinguir ninguna figura que siguiera sus pasos en la oscuridad, no podía evitar la sensación de que algo le seguía.

Sintiéndose como si de repente le hubieran metido en su propia película de terror, Bender aceleró el paso a medida que se acercaba a la modesta casa que compartía con su padrastro. Al llegar, entró y cerró rápidamente la puerta tras de sí, asegurándose de que estaba bien cerrada. Sabiendo que su padrastro ya dormía, subió en silencio a su habitación del ático.

. . .

Cuando abrió la puerta, descubrió algo sorprendente. Primero le llegó a la nariz un horrible olor a azufre quemado, y lo siguiente que supo es que se encontraba cara a cara con un orbe flotante. Los orbes forman parte de lo paranormal desde hace mucho tiempo, y se ha especulado que estos objetos flotantes y brillantes son espíritus de difuntos, entidades interdimensionales o equipos de vigilancia de alta tecnología de una civilización extraterrestre. Pero todo lo que Bender sabía era que había una bola brillante de luz flotando en medio de su dormitorio en el ático.

Sin saber qué más hacer, Bender encendió rápidamente la luz del techo de la habitación. En cuanto lo hizo, la esfera desapareció como si nunca hubiera estado allí. ¿Le estaban jugando una mala pasada sus ojos? ¿Fue la falta de sueño?

¿El producto de una mente preocupada? Bender no sabía a qué se estaba enfrentando, pero mientras escudriñaba su habitación, empezó a darse cuenta de que, con toda seguridad, no todo estaba en su mente.

Fuera lo que fuese, este orbe había dejado su tarjeta de visita en forma de objetos destrozados por todo su desván. Todos sus archivos estaban esparcidos por el suelo, como si alguien los hubiera examinado frenéticamente. ¿Tenía esto algo que ver con la bola de luz? ¿Cómo era posible que aquel orbe brillante hubiera esparcido sus archivos sobre ovnis por todas partes? ¿Qué buscaba?

A pesar de la conmoción que le causó esta experiencia, Bender, demostrando unos nervios más calmados que la mayoría, fue capaz de dejar atrás el asunto. Dejando temporalmente las especulaciones en un segundo plano, decidió seguir adelante con su trabajo de organizar los próximos actos y reuniones para los fieles de la IFSB.

También tuvo tiempo de organizar otro viaje al cine local, donde vio otra película de ciencia ficción en noviembre de 1952. Una vez más, se encontró con algo que no podía explicar del todo, y esta vez fue dentro del propio cine.

Estaba sentado en su butaca viendo la película cuando tuvo la inconfundible sensación de que alguien le miraba fijamente. Miró a su alrededor, pero no pudo ver a nadie en particular mirando hacia él. Aparte de los pocos espectadores, no había nada más que oscuridad absoluta.

Pero entonces, al mirar a su alrededor, se sorprendió al ver que un hombre vestido de negro aparecía de la nada y ocupaba el asiento vacío a su lado. Fue como si el asiento estuviera vacío un segundo y, al siguiente, aquel hombrecillo vestido de negro estuviera sentado en él, como si acabara de surgir de la nada.

Por extraña que fuera su llegada, su aspecto era aún más extraño. Tenía todos los atributos de lo que hemos llegado a describir como los Hombres de Negro. Llevaba la larga gabardina negra y el sombrero fedora negro, pero lo más sorprendente es que también tenía un par de ojos que brillaban de forma antinatural en la penumbra de la sala de cine.

Al igual que durante la extraña llamada telefónica y durante el paseo anterior hasta su casa, Bender sintió que iba a vomitar. Cerró los ojos mientras la habitación empezaba a dar vueltas. Cuando volvió a abrirlos, la entidad del ojo brillante había desaparecido, como si nunca hubiera estado allí.

. . .

Bender intentó racionalizar el incidente. Tal vez en los cinco o diez segundos que tuvo los ojos cerrados la figura vestida de negro había ido a por palomitas. Tal vez fuera una especie de ilusión óptica.

Tales pensamientos se arremolinaban en la mente de Bender mientras intentaba volver a concentrarse en la película, pero sus nervios estaban irremediablemente a flor de piel. Y pronto volvió a tener la sensación de que, de alguna manera, le estaban espiando. La sensación se hizo tan fuerte unos minutos más tarde que se vio obligado a girarse y mirar a su alrededor.

Para su horror, vio justo detrás de él al mismo hombre de negro, que efectivamente miraba en su dirección. El hombre tenía un porte imposiblemente desagradable mientras miraba fijamente a Bender con ira y desprecio desenfrenados. Totalmente asustado e incapaz de aguantar más, Bender se levanto y salio del teatro para volver a la seguridad de la casa de su padrastro. Sin embargo, durante los meses siguientes, Bender se vería acosado por una extraña actividad similar de los MIB, sin ninguna explicación real, es decir, hasta que los MIB decidieron presentarse formalmente al entusiasta de los OVNIs, presa del pánico.

Día de contacto

Albert Bender estaba desconcertado por la extraña actividad que parecía rodearle, pero no tanto como para invitar a que se produjera aún más. Incluso a él le parecía una posibilidad remota, pero estaba decidido a forzar la cuestión del contacto OVNI participando en un "Día de Contacto" con sus acólitos.

Suena un poco New Age, pero Bender creía que el puente entre los terrícolas y los extraterrestres podría ser un esfuerzo colectivo de telepatía.

Puede sonar como una especie de caprichosa ilusión, pero realmente creía que si él y sus seguidores reservaban una hora específica en la que todos ellos entonarían mantras mentales exigiendo que ET les llamara, los ocupantes de los ovnis -que Bender creía que empleaban la comunicación telepática-responderían de hecho. Sin duda, dos de los miembros de su junta directiva rechazaron rotundamente la propuesta por considerarla absurda, pero fueron desautorizados y el experimento siguió adelante según lo previsto.

Bender dio a conocer su plan en *The Space Review* y otras publicaciones oficiales de la **IFSB**. Esperaba que millones de personas de Estados Unidos, Canadá y Europa se unieran a él. A todos los que leían las publicaciones periódicas del grupo se les pedía que participaran y se les daban instrucciones específicas sobre cómo hacerlo.

Llamada "boletín especial", la misiva decía: "El 15 de marzo, se pide a todos los oficiales, representantes y miembros que participen en un experimento, algo que todavía no ha intentado ningún otro grupo como el nuestro. Intentaremos enviar un mensaje a los ocupantes de los platillos mediante telepatía mental.

Cada miembro memorizará el mensaje, y a la hora designada cerrará los ojos en un lugar tranquilo y apartado, se acostará si es posible, y repetirá este mensaje en su mente."

. . .

El mensaje mental de Bender a ET fue el siguiente:

Llamamiento a los ocupantes de naves interplanetarias Llamada a los ocupantes de naves interplanetarias que han estado observando nuestro planeta Tierra. Nosotros, los de IFSB, deseamos ponernos en contacto con ustedes. Somos sus amigos, y nos gustaría que hicieran acto de presencia aquí en la Tierra. Su presencia ante nosotros será recibida con la mayor amistad. Haremos todo lo que esté en nuestra mano para promover el entendimiento mutuo entre su pueblo y el de la Tierra. Por favor, ven en paz y ayúdanos en nuestros problemas terrestres. Danos alguna señal de que has recibido nuestro mensaje. Sé responsable de crear un milagro aquí en nuestro planeta para despertar a los ignorantes a la realidad. Déjanos saber de ti. Somos tus amigos.

Si esas palabras le suenan, no, no se está volviendo loco.

Como curiosidad, una década más tarde, el mensaje de Bender para contactar con los ovnis se convirtió en una canción pop, versionada por el grupo musical de los 70 The Carpenters. Queda por ver si la exitosa canción de Karen Carpenter tuvo alguna repercusión en ET, pero el mensaje original de Albert Bender sí que la tuvo.

. . .

El propio Bender siguió obedientemente sus propias instrucciones para el Día del Contacto, y exactamente a las 6 de la tarde atenuó la iluminación de su ático, se tumbó boca arriba y empezó a repetir el mensaje predeterminado en su mente.

Para Bender, la tercera vez fue la vencida, porque en cuanto repitió las palabras tres veces, sintió que la temperatura de la habitación bajaba y le recorrió un escalofrío por la espalda. A continuación, sintió un terrible dolor de cabeza, como si alguien le estuviera dando con un mazo en la cabeza. Le siguió un olor sulfuroso a huevos podridos. Si este era el tipo de respuesta que ET estaba dando, ¡no parecía ser una criatura tan amistosa como Bender había esperado!

Bender cuenta que, poco después de estas desagradables manifestaciones, se desmayó con la extraña sensación de que todo su entorno se desvanecía. Lo siguiente que supo fue que a su alrededor parpadeaban intensas luces azules. Su jaqueca empeoró y parecía concentrarse justo encima de sus ojos. Entonces, de repente, el dolor desapareció y, para asombro de Bender, ¡se encontró flotando justo encima de su propio cuerpo! Según el testimonio de

Bender, estaba teniendo una "experiencia extracorpórea".

Mientras miraba incrédulo su propia forma dormida, empezó a oír una voz distinta. La voz autoritaria le dijo: "Te hemos estado observando a ti y a tus actividades.
Te aconsejamos que dejes de adentrarte en los misterios del universo. Haremos acto de presencia si desobedece".

¿Era ésta la respuesta que buscaba? ¿Una dura reprimenda por intentar el contacto en primer lugar? Y en lugar de que el contacto fuera una recompensa, la entidad tras las palabras parecía considerarlo una amenaza, diciéndole: "¡Haremos acto de presencia si desobedeces!"

Este no parecía ser el ET amistoso que Bender había anhelado alcanzar. Confundido, devolvió la respuesta mental: "¿Por qué no son amistosos con nosotros, ya que no pretendemos hacerles ningún daño?". La fría voz respondió bruscamente: "Tenemos una misión especial, y no debemos ser molestados por vuestra gente". Estos seres estaban dispuestos a admitir su existencia y su misión activa en la Tierra, pero no querían que alguien como Bender interfiriera en su misión. Cualquiera que fuera el estudio doble ciego al que los alienígenas estaban sometiendo a la humanidad, no querían que intrusos como Albert Bender estropearan sus resultados.

La entidad se marchó con un comentario de despedida para Bender, diciéndole en términos inequívocos: "Estamos entre vosotros y conocemos todos vuestros movimientos, así que tened en cuenta que estamos aquí, en vuestra Tierra".

Entonces, como si se acabara de romper un hechizo, Bender abrió los ojos y se encontró de nuevo en su cuerpo, y por una fracción de segundo, podría haber jurado que una figura sombría, vestida toda de negro, estaba de pie cerca.

Pero una fracción de segundo después, esta aparición también había desaparecido, dejando a Bender solo en su angustia y confusión. ¿Habría sido sólo un mal sueño?

. . .

Sin duda es posible, pero el suceso dejó una marca en Bender de la que no pudo desprenderse. A diferencia de otras pesadillas en las que uno se siente inmensamente aliviado cuando despierta de un peligro inminente, la experiencia de Bender se convirtió en una pesadilla viviente y despierta que no le dejaba en paz. En los días siguientes sintió tantas náuseas que no podía comer y se puso físicamente enfermo. También tuvo enormes problemas para dormir y un letargo general que no tenía explicación. Era como si algo, como un vampiro cósmico, le succionara la fuerza vital.

Bender también se encontró en un gran enigma. Había experimentado algo realmente inusual, pero no sabía muy bien cómo explicárselo a los demás. Pensó que nadie le creería y que se convertiría en el hazmerreír de muchos círculos.

Decidió guardar silencio por el momento, escribirlo todo en una carta sin marcar y guardarla bajo llave en la caja fuerte con combinación donde guardaba sus objetos de valor hasta que se le ocurriera qué hacer.

. . .

Una posibilidad era publicar el relato en *The Space Review*; otra, enviar la carta por correo a funcionarios del gobierno estadounidense para advertirles de lo que había averiguado.

Finalmente, se decidió por la publicación. Pero cuando abrió la caja fuerte, la misiva que había redactado con tanto esmero no aparecía por ninguna parte, y el mismo extraño olor a azufre parecía estar saliendo de la caja, ahora vacía.

¿Qué estaba ocurriendo?

Albert Bender recibiría su respuesta un par de semanas más tarde, cuando tuvo el mismo extraño "sueño" -si es que era un sueño-que le había atormentado el Día del Contacto. En cuanto se quedó dormido, se vio arrancado de su cuerpo y rodeado de luces azules parpadeantes. Esta vez, sin embargo, pudo mirar alrededor de la habitación y discernir que no estaba solo. Vio salir de la oscuridad del desván a tres figuras vestidas de negro. Parecían clérigos, con la diferencia de que todos llevaban fedoras en la cabeza.

. . .

Aunque no pudo distinguir de qué miembro de este trío del MIB procedía la voz, Bender pudo oír claramente las siguientes palabras resonando en su cabeza:

"Te has dedicado a la solución del extraño problema de los objetos no identificados en tu atmósfera. Tu interés es profundo y sincero y le has dedicado muchas horas.

También sabemos que tal interés y determinación podrían llevarle a algo que podría perjudicarle. Creemos que usted es un contacto muy bueno para nosotros en su planeta Tierra. Eres una persona normal, y sabemos que lo que te digamos y te mostremos no será creído por nadie a quien se lo puedas contar".

Cabe señalar que este tema se repite a menudo en las historias de los MIB: Las entidades informan a sus sujetos de que, aunque hablaran de lo que presenciaron, nadie les creería de todos modos.

Los visitantes de Bender continuaron: "Usted no es una persona de gran renombre en su planeta; por lo tanto, no tenemos nada que temer por el momento. Tenemos un propósito para estar aquí, y estaremos aquí durante algún tiempo todavía. No debemos ser molestados en nuestro objetivo final. Tal como nos ven aquí, no estamos en nuestra forma natural. Hemos considerado necesario adoptar el aspecto de su pueblo mientras estamos aquí".

Después de admitir que podían cambiar de forma a voluntad, el MIB continuó explicando: "Esto se utiliza principalmente como un medio para regresar aquí sin ser detectados por nadie. Hemos establecido numerosos contactos con la Tierra por medio de naves de nuestra propia base, y en la actualidad tenemos naves ocultas en un lugar remoto de su planeta. A veces hemos tenido que llegar a grandes extremos para asustar a los habitantes de la Tierra, lo que ha provocado su muerte. También hemos tenido que llevarnos a terrícolas para usar sus cuerpos para disfrazar los nuestros".

Después de esta sorprendente admisión, el MIB continuó: "Deseamos mantenernos en contacto con usted y contarle muchas cosas porque un día usted escribirá sobre esto, y estamos seguros de que nadie le creerá, pero usted será mucho más sabio que nadie en su planeta. Sabrás lo que hay ahí fuera en el espacio, y sabrás lo que depara el futuro a tu humanidad. Volverás a vernos a los tres, pero no revelaremos nuestros nombres porque no significarían nada para ti. Refiéranse a nosotros como Números 1, 2 y 3. Responderemos según el número".

Tras estas peculiares instrucciones, los seres dejaron un regalo de despedida, diciendo al aterrorizado Bender: "Te dejaremos un pequeño trozo de metal similar a tus monedas. Deberás guardarlo en un lugar secreto. Deseamos que vengas con nosotros a una hora que te anunciaremos pronto".

Bender se despertó y se encontró con un extraño y frío trozo de metal en la mano. Mientras contemplaba el artefacto, le pareció que lo que de otro modo podría considerarse un sueño particularmente vívido se había convertido en una realidad irrefutable.

Bender presenta su dimisión

Para sus colaboradores del IFSB, Albert Bender parecía estar a punto de hacer algo grande. Hizo alusión a los últimos acontecimientos que le preparaban para desvelar el misterio de los ovnis. Pero justo cuando

Bender estaba ofreciendo esta tentadora posibilidad de prueba, de repente guardó completo silencio sobre el tema.

El escritor y veterano periodista Gray Barker, que era un estrecho colaborador de Bender y el Investigador Jefe de la IFSB, experimentó el abrupto cambio en la conducta de Bender de primera mano, en 1953. De la noche a la mañana, Bender pasó de ser un ferviente evangelista de los ovnis a no querer saber nada de ellos. Todo lo que Bender contaba a sus seguidores era que había recibido la visita de tres hombres con autoridad que le convencieron de que lo mejor sería cerrar la IFSB. Sin dar ninguna otra razón, Bender presentó su dimisión como jefe de la IFSB.

Barker estaba tan perturbado por el repentino cambio de Bender que tomó lo que sabía sobre los extraños días finales de la IFSB y escribió un libro titulado *Sabían demasiado sobre platillos volantes*. Fue Barker quien planteó por primera vez la teoría de que existía algún tipo de organización secreta que intentaba activamente silenciar cualquier investigación seria sobre los ovnis. Según Barker, en cuanto alguien se acercaba a desentrañar el enigma OVNI, recibía la visita de esos extraños hombres de negro y era misteriosamente silenciado. A medida que Barker continuaba su análisis de lo que le había ocurrido a Bender, llegó a la conclusión de que el gobierno de Estados Unidos sabía mucho más sobre el fenómeno OVNI de lo que aparentaba. Incluso consideró la posibilidad de que el gobierno hubiera hecho algún tipo de trato secreto con ET.

Este veterano periodista atribuyó la responsabilidad de dicha colaboración directamente al Presidente Dwight D. Eisenhower. Eran mediados de los años cincuenta y Eisenhower estaba aún en medio de su primer mandato. Esta línea de tiempo es de interés para los teóricos de la conspiración, ya que una de las teorías de la conspiración alienígena más populares sugiere que Eisenhower de hecho firmó un tratado oficial con una civilización extraterrestre durante este período exacto de tiempo.

Pero antes de que esta teoría de la conspiración fuera siquiera un destello en los ojos de algún aficionado a los ovnis, Gray Barker especulaba abiertamente sobre algo muy parecido: "De algún modo, tengo la sensación de que el presidente Eisenhower conoce la absoluta inutilidad de intentar preservar la paz del mundo almacenando armas letales; noto algo de esto en sus recientes discursos. ¿Tiene el viejo militar Ike conocimiento definitivo de por qué los platillos están aquí?"

Tal vez -y para que quede claro, es un gran "tal vez"- tal acuerdo entre Ike y los extraterrestres tuvo lugar, porque las especulaciones de Barker pronto merecieron su propio encuentro con un MIB. Según Barker, una de estas entidades oscuras apareció en la puerta de su oficina mostrando una de sus propias tarjetas de visita recién acuñadas y exigiendo saber "de qué iba la tarjeta". La tarjeta identificaba a Barker como Investigador Jefe de la desaparecida IFSB. Tras la escueta explicación de Barker, el personaje explicó que la tarjeta había sido encontrada en un hombre ingresado en un hospital local. La víctima no llevaba encima ninguna identificación adecuada, sólo la tarjeta de visita, por lo que la estaba investigando como posible pista. Después de que Barker explicara que no conocía al hombre, la figura pareció aceptar la respuesta y abandonó bruscamente su despacho.

Después de la partida del MIB, Barker se dio cuenta de que era prácticamente imposible que un desconocido internado en un hospital tuviera una de sus tarjetas de visita: Habían sido impresas apenas unos días antes.

El encuentro le pareció demasiado extraño como para tragarse la explicación que le había dado el misterioso visitante.

Aunque la rama estadounidense del IFSB estaba oficialmente fuera de servicio, las ramas británica y australiana habían decidido continuar, y sería el director de la rama australiana, un tenaz investigador de ovnis llamado Edgar Jarrold, quien se convertiría en el próximo objetivo del MIB. Poco después de la dimisión de Bender, Jarrold empezó a ver un Cadillac negro aparcado habitualmente delante de su oficina. Esto no era tan inusual en sí mismo, pero nunca se había fijado en él antes, y ahora aparcaba justo en la puerta todos los días. ¿Quién era el propietario de aquel reluciente coche negro y a qué se dedicaba? Jarrold estaba a punto de averiguarlo, porque no tardó en ver no sólo el coche, sino un par de hombres de aspecto extraño vestidos de negro sentados en su interior.

. . .

Parecía que cada vez que se asomaba por la ventanilla, esas extrañas figuras le devolvían la mirada. No había ninguna razón aparente para esta mirada fija, pero allí estaban, sentados en su vehículo de color oscuro con la mirada perdida. Tras estos sucesos amenazadores, Jarrold empezó a recibir misteriosas llamadas telefónicas que intuyó que estaban relacionadas con los misteriosos hombres que merodeaban frente a su oficina. Poco después, Jarrold empezó a sufrir un acoso aún menos convencional en forma de actividad poltergeist.

Oía golpes extraños e inexplicables en su casa y sus alrededores, y los objetos domésticos empezaron a desaparecer y a aparecer en distintos lugares. Jarrold había entrado en un terreno que el investigador de ovnis y conocedor de lo paranormal John Keel denominaría "alta extrañeza". Esta extrañeza continuó durante las siguientes semanas hasta que se convirtió en violencia física cuando una fuerza invisible empujó a Jarrold por unas escaleras. Esto ocurrió a media tarde en unos populares grandes almacenes de Sydney, la capital australiana.

Esta fue la gota que colmó el vaso para Jarrold. Al igual que Bender antes que él, se vio obligado a reconocer el éxito de la campaña de acoso paranormal y a presentar su dimisión de la rama australiana de la IFSB. Jarrold y Bender habían mantenido con frecuencia detalladas conferencias telefónicas, y se ha sugerido que Bender permitió a Jarrold conocer más de sus descubrimientos secretos que nadie. Si este es el caso, parecería que después de que el MIB silenció a Bender, fueron al siguiente eslabón de la cadena de conocimiento y comenzaron una campaña finalmente exitosa para ponerlo fuera del negocio también.

Gray Barker, que al principio apoyó el relato de Bender, acabó mostrándose escéptico sobre la supuesta naturaleza paranormal de los MIB. Barker estaba convencido de que los Hombres de Negro eran simples agentes del gobierno.

Sin embargo, la experiencia de Edgar Jarrold, ocurrida a varios miles de kilómetros de distancia, en Australia, junto con posteriores relatos similares de otras personas, parece apoyar la idea de que los Hombres de Negro pueden formar parte de algo de mucho mayor alcance que cualquier agencia de la Tierra.

2

La farsa del MIB continúa

¿Quiénes son los MIB? ¿Alienígenas disfrazados de humanos? ¿Humanos disfrazados de alienígenas? Para quienes se encuentran con estas extrañas figuras, estas preguntas tan extrañamente yuxtapuestas parecen frustrantemente apropiadas. No hay más que ver el caso de Cynthia Appleton, una sencilla ama de casa británica sin ningún interés previo por lo paranormal, que de repente se vio acosada por uno de los fenómenos más desconcertantes. Su angustiosa historia comenzó la tarde del 16 de noviembre de 1957, cuando, tras entrar en el salón de su casa, se sintió de repente invadida por una inmensa sensación de opresión, como si estuviera siendo bombardeada por una fuerza tremenda.

. . .

Cynthia vio cómo una intensa iluminación llenaba toda su casa y, al parecer, a continuación, tuvo un episodio de lo que los investigadores de ovnis denominan desde hace tiempo "pérdida de tiempo".

Miró el reloj y vio que había pasado una hora, pero no recordaba nada de lo que había ocurrido en esa hora ni tenía una explicación racional de lo sucedido. ¿Habría estado soñando despierta durante una hora? Por improbable que pareciera esa explicación, al principio era la única que tenía.

Pero éste no fue el único suceso extraño que acosó a Cynthia Appleton, y pronto ninguna racionalización sería suficiente.

Dos días más tarde, el 18 de noviembre, experimentó una secuela de las primeras salvas de lo paranormal del día 16.

Pasadas las tres de la tarde, Cynthia se aventuró a ir a la habitación de su hijo dormido. Cuando miró por la ventana, le llamó la atención el color rosado del cielo. Mientras admiraba la tonalidad única que había adquirido el cielo, sintió de repente la misma presión intensa que había sentido dos días antes.

Al igual que antes, sintió que una extraña energía la recorría, poniéndosele la piel de gallina y los pelos de punta.

Entonces, Cynthia oyó un extraño zumbido agudo que emanaba aparentemente de ninguna parte y de todas partes a la vez.

El zumbido se hizo cada vez más fuerte y pronto sintió que le vibraba todo el cuerpo. La vibración aumentó de intensidad hasta que Cynthia sintió que su propia estructura molecular estaba a punto de desgarrarse, pero entonces, tan misteriosamente como había comenzado el fenómeno, se detuvo.

Cuando recuperó la compostura, se alarmó al ver aparecer ante ella una extraña neblina. La neblina se arremolinó y enroscó hasta que empezó a pixelarse como la imagen de un viejo televisor estático. Entonces, como si alguien hubiera encontrado por fin el punto óptimo en el dial de sintonización, la neblina se volvió cristalina y apareció la proyección holográfica de un hombre vestido de forma extraña.

La criatura tenía un aspecto casi humano, medía 1,80 metros de altura, tenía una estructura facial delicada, piel extremadamente clara, pelo rubio y ojos azules. Llevaba un traje espacial, parecido al que llevaban los astronautas del Apolo de la NASA, aunque el encuentro fue varios años anterior al programa Apolo.

Al principio, Cynthia se sintió lógicamente aterrorizada ante aquella visión, pero el extraño ser no tardó en decirle que no tuviera miedo. De hecho, la voz repitió la instrucción una y otra vez en su cabeza, ¡hasta que de alguna manera simplemente no tuvo miedo!

Parecía que el ser tenía la capacidad de calmarla a voluntad, y algunos han señalado desde entonces similitudes entre el encuentro de Cynthia y varios relatos de visitas angélicas en la Biblia. Después de todo, cada vez que aparece un ángel en la Biblia, las primeras palabras que pronuncia son siempre "No temas". Antes de transmitir su mensaje, el ángel siempre se tomaba su tiempo para calmar los nervios del receptor. La figura iluminada ante Cynthia parecía operar bajo un protocolo similar, pero si se trataba de un ángel, pronto se desvió de la narrativa tradicional.

El ser informó a Cynthia de que procedía de un planeta llamado Gharnasvarn. El hombre del espacio hizo un gesto con las manos para sacar una pantalla holográfica de la nada. Esta pantalla mostró a Cynthia imágenes del planeta del ser y de las naves espaciales asociadas.

Hasta aquí, por supuesto, los encuentros de Cynthia no se parecían mucho a los incidentes MIB. Sin embargo, poco después de estas experiencias introductorias, el mismo personaje reapareció acompañado de otros dos, no como una proyección holográfica ni a bordo de un OVNI, ¡sino en un Cadillac negro al estilo de los MIB!

El coche llegó hasta la casa de Cynthia, las entidades llamaron a su puerta y Cynthia abrió para encontrarlos de pie en su puerta vestidos completamente de Hombres de Negro.
Habiendo abandonado su traje espacial por un sombrero de fieltro, ¡su amable visitante de aspecto

nórdico estaba ahora ataviado como un MIB! De febrero a agosto de 1958, todas las visitas posteriores de los seres adquirieron un matiz decididamente MIB, con las entidades - lo que fueran - llamando a su puerta, como cualquier ser humano real, físico haría. Pero a pesar de su ropa y coche humanos, estos "hombres" claramente no eran normales.

En el transcurso de una visita, uno de los MIB mencionó que se había hecho daño accidentalmente antes de su llegada. Le mostró a Cynthia un dedo que parecía muy quemado. Pero antes de que Cynthia se apresurara a coger un botiquín de primeros auxilios para tratar a su invitado, el MIB le indicó que simplemente le trajera un cuenco de agua caliente. El Hombre de Negro sumergió el dedo en el recipiente antes de sacar un tubo de pasta de dientes y exprimir una especie de gel sobre la piel quemada. Según Cynthia Appleton, en cuanto la sustancia entró en contacto con la quemadura, la herida se curó instantáneamente.

El MIB simplemente salió por la puerta. Cynthia le siguió y vio cómo se subía al Cadillac negro y se alejaba calle abajo.

. . .

Pero el MIB se había dejado un regalo: Flotando en el recipiente de agua que el ser había utilizado para enfriar su dedo, Cynthia encontró un trozo de su piel muerta que aparentemente se había desprendido durante el proceso de curación.

Después de que Cynthia diera a conocer su historia, este artefacto fue enviado a un laboratorio donde fue examinado con los mejores microscopios electrónicos de la época.

Se determinó que la piel no era humana, pero tampoco podía considerarse alienígena. Parecía estar estrechamente relacionada con tejido animal, como el de un cerdo. Varias décadas más tarde, cuando los científicos se dieron cuenta de la magnitud de las similitudes entre el ADN porcino y el humano, algunos especularon con la posibilidad de que la piel que dejó este MIB tuviera esta consistencia porque no era natural, sino que había sido cultivada en un laboratorio.

. . .

La muestra de piel contenía proteínas similares a las utilizadas para cultivar tejidos en placas de Petri.

La conclusión que se desprende de tales especulaciones es que los MIB no son seres nacidos de forma natural, sino una especie de clones cultivados en algún laboratorio. Pero también es posible que Cynthia se inventara toda la historia y que el trozo de piel encontrado en su cuenco de agua se pareciera a tejido porcino porque se le cayó un trozo de cerdo dentro.

En cualquier caso, cierto o falso, además de la aparición posterior de coches negros, ropa negra, y un comportamiento extraño, su relato de estos MIB difiere considerablemente de la narrativa estándar.

En la mayoría de los relatos, los MIB sólo aparecen después de que se haya producido un suceso OVNI distinto, y su principal objetivo es convencer al testigo de que no hable o se presente con lo que ha visto. Por el contrario, estos MIB parecían aparecer simplemente por aparecer. No hubo ningún avistamiento previo que pudiera haber llamado su atención. Y en lugar de insistir en que Cynthia "se olvidara de los ovnis", como parecen hacer la mayoría de los otros MIB, estos MIB alentaban realmente a hablar de ellos, ¡e incluso le mostraron a Cynthia imágenes holográficas de naves espaciales!

Estos extraños incidentes sólo hacen que la motivación detrás de los Hombres de Negro sea aún más oscura. ¿Qué pretenden estos extraños Hombres de Negro? ¿Tienen algún objetivo que cumplir, o simplemente quieren engañar a la humanidad? Sean quienes sean estos embaucadores cósmicos, por el momento parece que se contentan con permitir que continúe su extraña farsa.

3

El hombre del espacio de Solway Firth

El Solway Firth es una masa de agua que discurre entre Escocia e Inglaterra, y su principal importancia radica en el papel que desempeña en la demarcación de la frontera entre ambos países. Pero el 24 de mayo de 1964, las orillas del estuario se convertirían en el telón de fondo de un acontecimiento decididamente insólito.

Todo empezó cuando un hombre de la zona llamado Jim Templeton se llevó a su mujer y a sus hijos de excursión dominical al cercano pantano de Burgh para relajarse al aire libre y hacer algunas fotos de familia. Los Templeton no se encontraron con nadie más por el camino y creyeron que estaban solos en el estuario. Parecía el momento perfecto para que Jim pusiera a prueba su cámara e hiciera algunas fotos sin interferencias. No tenía por qué haber nadie allí que pudiera estropear las fotos metiéndose en el encuadre, pero se llevó una sorpresa cuando le revelaron las fotos una semana después.

Antes incluso de que las mirara, el empleado que le entregó las copias hizo un extraño comentario: "Jim, tienes unas fotos muy bonitas, pero es una pena que la mejor se haya estropeado por ese hombre del fondo que lleva un traje espacial".

Al principio, Jim se encogió de hombros ante el comentario, considerándolo una especie de intento de humor. Pero cuando la dependienta volvió a mencionar el extraño cameo de la fotografía, sacó las fotos para echarles un vistazo. Se sorprendió al ver exactamente a qué se refería la joven. En lo que debería haber sido una foto normal de su hija durante su picnic dominical en Solway Firth, había una figura misteriosa, vestida con lo que sólo podía describirse como una especie de traje espacial, de pie justo detrás de ella, mirando fijamente a la cámara.

Este ser había sido invisible para Jim cuando tomó la foto, pero aparecía tan claro como el agua en la fotografía revelada. Jim estaba tan perplejo como alarmado por la foto y, sin saber qué más hacer, se dirigió a la comisaría de policía para ver si podían ayudarle a aclarar el asunto. Cuando la foto llegó a la mesa del comisario Donald Roy, del Departamento de Policía de Carlisle, éste no supo qué pensar. Podía ver claramente la extraña figura, y puesto que esto fue muchas décadas antes de Photoshop y otros medios de alterar digitalmente las fotografías, no podía haber ninguna duda de que el extraño personaje había estado realmente en Solway Firth. Pero, ¿qué era?

El superintendente Roy no tenía ni idea. Frustrado como estaba, admitió su derrota y le dijo a Jim: "No sé la respuesta a esta pregunta". La foto fue enviada a un laboratorio de investigación especial para ser inspeccionada más a fondo. El laboratorio descartó absolutamente cualquier posibilidad de doble exposición o superposición de imágenes en la fotografía. Lo que aparecía en la imagen estaba efectivamente allí cuando se tomó la foto.

Cuando la extraña historia se hizo pública, empezaron a llover las teorías de los entusiastas de los ovnis. Muchos teorizaron que la entidad de la foto debía de ser invisible a la vista humana, tal vez porque entraba y salía del espacio dimensional a tal velocidad que sólo era detectable por el obturador de la cámara de Jim. Era una teoría poco probable, pero era tan buena como cualquier otra explicación que se ofreciera.

En medio de esta especulación desenfrenada, el MIB hizo acto de presencia. Un poco más tarde, ese mismo verano, la mujer de Jim contestó al teléfono y encontró al otro lado a un hombre aparentemente ansioso por investigar la foto. Jim deseaba tanto como los demás llegar al fondo de la cuestión, así que no lo dudó. Aceptó que el supuesto investigador visitara su casa. Dos días después, un coche negro se detuvo en la entrada de la casa de los Templeton y dos hombres vestidos de negro llamaron a su puerta.

Al principio fueron bastante amables, pero la conversación tomó un cariz amenazador cuando empezaron a indagar en las circunstancias en las que Jim había tomado la foto. Pronto los hombres exigieron a Jim que subiera a su coche y les condujera al lugar exacto.

Jim, comprensiblemente, tenía sus reservas, pero era como si no pudiera negarse. Aceptó dócilmente y subió al coche negro del MIB. En cuanto llegaron a Solway Firth, las preguntas se convirtieron en un interrogatorio en toda regla, en el que el MIB obligó a Jim a relatar hasta el último detalle de su última estancia allí. Los misteriosos hombres insistieron en escuchar información aparentemente trivial, como las condiciones meteorológicas exactas y el tipo de fauna presente en el momento en que se tomó la foto. Parecían especialmente interesados en los gestos de las vacas u ovejas que habían estado en el lugar. Jim se quedó estupefacto ante las extrañas preguntas que parecían tener tan poco que ver con la foto en cuestión, pero se sintió obligado a responderlas a pesar de todo.

Los hombres cambiaron entonces de táctica. Como parecían decididos a pillar a Jim en una mentira, empezaron a preguntarle repetidamente quién era realmente la persona de la foto.

Uno exigió: "¡Enséñame dónde estaba el hombre al que hiciste la foto!"
    Jim tartamudeó: "¿Qué hombre?"

. . .

Durante los minutos siguientes, insinuaron repetidamente que Jim había colaborado con otra persona para falsificar la foto. Sin embargo, Jim se mostró inflexible e insistió firmemente en que no había nadie más en Solway Firth cuando tomó la foto aquel día. Finalmente, los MIB se miraron y se encogieron de hombros. Luego, uno de ellos respondió en voz baja: "Ah, vale", y los dos se volvieron bruscamente hacia su coche.

Jim se quedó tan estupefacto ante tan abrupta marcha que se quedó mirando mientras volvían al coche. Dándose cuenta de repente de que estaba a punto de quedarse tirado a varios kilómetros de casa, intentó perseguirlos, pero llegó demasiado tarde. Sin esperar a Jim, el MIB se alejó a gran velocidad. Jim tuvo que volver a casa caminando solo, pero comparado con otros que se han enfrentado a cosas mucho peores por parte de los Hombres de Negro, probablemente debería considerarse afortunado por la caminata.

4

Desenmascarar a los impostores

Era un día despejado el 3 de agosto de 1965 y Rex Heflin estaba recorriendo la carretera como inspector de autopistas del condado de Orange, California. Su principal preocupación era un árbol crecido que bloqueaba una señal de cruce de ferrocarril. Temeroso de que los conductores no redujeran la velocidad para cruzar a tiempo, Heflin hizo de la retirada del árbol su principal prioridad. Encendió la radio para pedir a la central que enviara una cuadrilla de podadores, pero cuando lo hizo se encontró con que las ondas estaban en completo silencio.

Esperando que sólo se tratara de una avería temporal, estaba intentando ponerse en contacto de nuevo con el Cuartel General cuando notó que algo se movía en su visión periférica. Cuando miró al cielo, vio un "objeto no identificado" moviéndose por el horizonte. Estaba sorprendentemente cerca de su posición en el suelo, pero no emitía ningún sonido.

Heflin observó asombrado cómo el rascacielos flotante, que según sus cálculos medía unos 45 metros de largo, surcaba serenamente el aire. Heflin cogió su cámara reglamentaria y fotografió rápidamente el objeto anómalo.

Pudo tomar dos fotos más de la nave antes de que saliera de su campo de visión. Estas fotos son quizás algunos de los mejores primeros planos de un OVNI jamás tomados, mostrando una descripción detallada de la compleja maquinaria en la parte inferior de la nave y un reflector que brilla sobre la carretera. Todas estas cosas habrían sido muy difíciles de engañar en 1965. Sin embargo, Heflin no estaba muy impresionado con sus fotos. Creía firmemente que no había visto ninguna nave espacial ET, sino simplemente algún tipo de aeronave ultrasecreta hasta entonces desconocida pilotada por el ejército estadounidense.

Sin embargo, cuando mostró las fotos a sus amigos, éstos no compartieron su opinión. Uno de ellos quedó tan asombrado por las cautivadoras imágenes que acabó convenciendo al reticente Heflin para que llevara las fotos al periódico local. Una vez que las imágenes circularon por los medios de comunicación, la vida de Heflin empezó a cambiar. En primer lugar, los grupos de ovnis empezaron a acudir a él para escuchar su historia. Poco después de ahuyentar a los entusiastas de los ovnis, Heflin tuvo que enfrentarse a oficiales de las bases militares de la zona que querían examinar las fotos, probablemente para averiguar si la nave era suya.

Al ver que no era así, los mandamases locales devolvieron las imágenes a Heflin. Pero esta no sería su única interacción con una supuesta autoridad militar, porque poco después de que le devolvieran las imágenes recibió la visita de alguien que decía pertenecer al Mando Norteamericano de Defensa Aérea (NORAD). El hombre iba vestido con un traje oscuro típico de los MIB y mostró una especie de insignia de aspecto casi oficial para identificarse. Este supuesto representante del gobierno afirmó que también necesitaba que le prestaran las fotos para estudiarlas más a fondo.

Dado que las fotos le habían sido devueltas sin problemas después de prestarlas a otras instalaciones militares, Heflin no dudó en entregárselas al misterioso desconocido. Pero después de que pasaran varias semanas sin saber cuándo le devolverían las fotos, se puso en contacto con el NORAD para preguntar. Sin embargo, la agencia negó que ninguno de sus representantes le hubiera visitado. Como le explicó el jefe de personal: "Para su información, el NORAD no tiene la responsabilidad de evaluar ovnis y, por lo tanto, no se dedicaría conscientemente a recoger fotos de ovnis para su evaluación."

Heflin se dio cuenta de que el hombre que le había confiscado las fotos había sido un impostor, pero ¿un impostor de dónde? ¿Y con qué propósito? Al parecer, muchas ramas del ejército y de los servicios de inteligencia de EE.UU. también estaban tratando de averiguarlo.

Desde entonces, a través de la Ley de Libertad de Información, han salido a la luz varios memorandos y documentos oficiales que indican que el gobierno de Estados Unidos estaba tan desconcertado sobre el MIB como cualquier otro y buscaba activamente desenmascarar al impostor.

Un documento oficial de las Fuerzas Aéreas de Estados Unidos, fechado el 1 de marzo de 1967, se titula

"Suplantación de Oficiales de las Fuerzas Aéreas". Es una clara indicación de que, aunque las Fuerzas Aéreas no sabían quién era el MIB, les preocupaba seriamente que intentara presentarse como agente del NORAD. El memorándum, redactado por el teniente general Hewitt Wheless, describía brevemente el encuentro de Heflin con el impostor y también un caso posterior de interferencia del MIB en el que un hombre vestido con uniforme oscuro de las Fuerzas Aéreas intimidó a ciudadanos e incluso a policías que habían presenciado un ovni. En ese caso, el impostor les informó enérgicamente de que "no habían visto lo que creían haber visto y que no debían hablar con nadie sobre el avistamiento".

Al parecer, los altos mandos no tenían ni idea de la identidad de estos impostores que amenazaban tan descaradamente a ciudadanos estadounidenses y les contaban lo que "habían visto" y lo que "no habían visto".

Después de relatar estos testimonios del MIB, el memorándum terminaba implorando a todo el personal de las Fuerzas Aéreas que se encontrara con tal actividad, u oyera a otros mencionarla, que enviara todos los detalles sobre el episodio directamente a la Oficina de Investigaciones Especiales (OSI), una rama especializada de la inteligencia de las Fuerzas Aéreas.

Ese mismo año, la Universidad de Colorado inició el infame Informe Condon sobre OVNIs. Dirigido por el Dr. Edward Condon, pretendía investigar la mejor información sobre ovnis que pudiera extraerse de la propia investigación oficial de las Fuerzas Aéreas estadounidenses sobre objetos voladores no identificados: el Proyecto Libro Azul. El avistamiento OVNI de Heflin y su posterior encuentro con el MIB sería uno de los muchos temas del Informe Condon.

De hecho, el coordinador del Informe, Robert Low, que realizó una entrevista con Heflin, calificó su caso como uno de los cuatro mejores de todo el informe.

Al parecer, los MIB también se dieron cuenta, porque fue justo en medio de la investigación del Dr. Condon cuando Heflin recibió la segunda visita de los misteriosos Hombres de Negro. Esta vez se presentaron en su casa dentro de un vehículo negro como el carbón del que parecía emanar un extraño resplandor. A través de los cristales oscuros tintados, Heflin pudo ver la silueta de alguien sentado en el coche. Entonces se bajaron dos hombres vestidos con uniformes de las Fuerzas Aéreas, al parecer más impostores de los MIB dispuestos a hacer más travesuras. Estos MIB abordaron a Heflin e inmediatamente empezaron a acosarle con un aluvión interminable de preguntas sobre todos los avistamientos recientes de ovnis en la zona. Curiosamente, también mencionaron a personas que habían desaparecido en el lejano Triángulo de las Bermudas y sus alrededores.

En cuanto los dos hombres entraron en su casa, Heflin sintió una extraña carga estática en el aire. Su radio, que se había quedado encendida, empezó a emitir chasquidos. Aunque los hombres no le amenazaron directamente, Heflin recuerda que todo su comportamiento parecía amenazador.

En su mayor parte, se limitaron a hablarle de avistamientos recientes de ovnis que poco o nada tenían que ver con él, pero parecían increíblemente agresivos y agitados mientras lo hacían. Imagínese a dos hombres adultos con uniforme de las Fuerzas Aéreas en el salón de su casa hablando sin parar de ovnis, con la voz alta y gesticulando salvajemente con las manos, y se hará una idea.

Mientras divagaban, Heflin apenas podía articular palabra.

Se sentía como si fuera literalmente un público cautivo de la larga y agitada diatriba.

Pero Heflin había aprendido un par de cosas desde su primer encuentro con el MIB, y esta vez (cuando consiguió abrirse paso entre la incesante charla) insistió en conocer los nombres completos y los rangos de los dos hombres que estaban despotricando en su salón. Sorprendentemente, el MIB accedió a su petición, pero cuando Heflin lo comprobó más tarde con la USAF, no encontró a nadie en sus registros que coincidiera con los nombres y rangos que los dos hombres habían dado.

5

John Keel se adentra en el misterio

EL ESCRITOR y periodista de investigación sobre todo lo paranormal John Keel fue la primera persona que utilizó el término exacto "Hombres de Negro". La asociación de Keel con los MIB comenzó después de un incidente ocurrido el 15 de diciembre de 1966, en el que un grupo de adolescentes de Virginia Occidental se encontraron con algo que no podían explicar. Los adolescentes frecuentaban un lugar llamado "TNT Área". En este lugar se almacenaban grandes cantidades de explosivos desde el estallido de la Segunda Guerra Mundial.

Estacionados en un lugar apartado, se reían y jugueteaban en el coche. En medio de este jolgorio, de repente vieron algo muy inusual en el espejo retrovisor.

Justo detrás del coche había una extraña entidad de unos dos metros de altura. Tenía unas alas como de polilla alrededor del cuerpo y unos ojos que brillaban en la oscuridad como el fuego.

El conductor pisó el acelerador al instante y los aterrorizados adolescentes se dirigieron a toda velocidad a la comisaría para informar de lo que habían visto.

El ayudante Millard Halstead anotó los detalles de su relato. Por extraña que fuera su historia, y por reacio que se mostrara Halstead a incluir tales rarezas en el registro oficial de la policía, conocía bien a esos chicos. Y no eran de los que se inventan historias disparatadas sin motivo. Además, si estaban actuando, merecían un premio de la Academia, porque Halstead estaba convencido, tras hablar con ellos, de que estaban muertos de miedo.

No se trataba de un caprichoso arrebato de atención juvenil; esos chicos habían sido sometidos claramente al terror más absoluto. ¿Pero por qué? El ayudante del sheriff Halstead se armó de valor y se ofreció a acompañarles de vuelta al lugar del avistamiento para echar otro vistazo. Pero no encontraron nada. Lo que había asustado a este grupo de amigos hacía tiempo que había desaparecido.

A pesar de la incapacidad de Halstead para rastrear al monstruo, a la mañana siguiente estaba claro que esta entidad había estado ocupada. Aparecieron informes similares por toda la zona, y los ingeniosos lugareños ya habían desarrollado un nombre para la bestia: la llamaban el Mothman.

Los extraños sucesos ocurridos en Virginia Occidental son materia de leyenda, y John Keel se hizo famoso relatando estas aterradoras historias. Las historias apestan a "alta extrañeza", y su narración ha quedado enterrada en capas y capas de complejidad. Para el propósito de este libro, no es necesario entrar en todos los detalles, pero sólo sé que fue mientras Keel estaba investigando el Mothman que se encontró cara a cara con el MIB.

Sin embargo, antes de encontrarse con el MIB, Keel recibió informes de una WIB, ¡una Mujer de Negro! Al parecer, poco después de los avistamientos del Mothman, una mujer desconocida aparecía en la puerta de los testigos llevando un portapapeles. Tras presentarse falsamente como asociada o secretaria de Keel, esta mujer acribillaba a los testigos con todo tipo de preguntas sobre ovnis y otros sucesos paranormales, al clásico estilo del MIB. Y al igual que el MIB, a menudo tenía un conocimiento y una perspicacia asombrosos de la vida personal de aquellos a los que acosaba, haciéndoles sentir especialmente incómodos al revelarles detalles privados de su salud y su estilo de vida.

Varias personas escribieron a Keel para quejarse, pidiéndole que no enviara más a su "secretaria" a molestarles. Keel, por supuesto, se quedó perplejo y enseguida les informó de que no tenía a nadie contratado. Quienquiera que fuese esta mujer, no trabajaba para John Keel.

Los encuentros con esta WIB iban acompañados de los clásicos Cadillacs oscuros asociados a los Hombres de Negro, que se veían deambulando por las calles a todas horas del día.

. . .

Estos coches aparcaban a un lado de la carretera o se metían en entradas, y entonces hombres que decían ser diversos tipos de empleados federales, trabajadores sociales o censistas, se bajaban y recorrían el vecindario. Al igual que los WIB, estos MIB hacían preguntas delicadas sobre la salud de sus objetivos. Aún más extraño, en otras ocasiones los MIB no intentaron entrevistar a los testigos Mothman en absoluto. Simplemente llegaban con algún tipo de petición insignificante. Una táctica popular de estos MIB era golpear frenéticamente la puerta de alguien sólo para pedir un vaso de agua.

Estas historias son tan extrañas que difícilmente se podrían inventar, y como la gran extrañeza de estos MIB continuó a buen ritmo con los continuos avistamientos de Mothman, los ciudadanos de Virginia Occidental sintieron que estaban siendo asediados. Sus sospechas parecieron confirmarse cuando las inocentes preguntas sobre el agua se convirtieron en un asalto total cuando los MIB empezaron a adoptar un enfoque mucho más hostil.

Connie Carpenter, estudiante de secundaria, fue una de las víctimas de esta aterradora agresión de los MIB cuando, el 22 de febrero de 1967, uno de ellos intentó aparentemente secuestrarla. Según Connie, uno de los extraños coches oscuros que habían estado plagando la zona se detuvo ante ella y un hombre vestido todo de negro se bajó y le preguntó por una dirección. Cuando Connie se disponía a responder, el hombre se abalanzó sobre ella e intentó arrastrarla al interior del vehículo. Afortunadamente, pudo zafarse y huir. Pero esa misma noche, mientras intentaba calmar sus nervios destrozados en la comodidad de su hogar, apareció misteriosamente una nota bajo su puerta con el amenazador mensaje "Ten cuidado, chica. Aún puedo atraparte".

Hay que tener en cuenta que es totalmente posible que este incidente no tuviera nada que ver con la actividad en curso del MIB. Puede que no se tratara de un Hombre de Negro, sino de un simple secuestrador oportunista. Sin embargo, toda la comunidad estaba al límite debido al aluvión de actividad negativa.

Como principal investigador del fenómeno, John Keel se ganó naturalmente también la atención del MIB. De hecho, incluso después de abandonar Virginia Occidental, ¡la actividad le seguiría hasta Nueva York!

. . .

Keel mencionaba a menudo que los Hombres de Negro parecían seguirle o vigilarle mientras caminaba por las calles de Manhattan.

En una ocasión incluso recibió una extraña llamada telefónica pidiéndole que fuera a Long Island para hablar de su trabajo. Cuando lo hizo, el MIB le dijo en términos inequívocos que pusiera fin a su investigación sobre los avistamientos de Mothman o "algo malo le ocurriría".

Mientras tanto, en Point Pleasant, Virginia Occidental, los ciudadanos se enfrentaban a situaciones aún más amenazadoras a manos de los Hombres de Negro visitantes. Una joven a la que llamaremos Jane Doe tuvo una experiencia especialmente angustiosa cuando, inmediatamente después de avistar un OVNI, se encontró con un WIB similar al descrito anteriormente. Esta entidad le informó bruscamente de que había sido elegida para un "contacto" posterior. ¿Contacto con quién? Poco después, un Cadillac negro se detuvo a su lado y un hombre vestido como un MIB clásico se acercó a ella, se presentó como "Apol", y luego se retiró rápidamente de nuevo a su coche, dejando a la joven desconcertada de pie por sí misma en la esquina de la calle tratando de entender lo que había sucedido.

Pocos días después de esta extraña presentación, Apol se presentó en su casa. De forma extrañamente rutinaria, tras llamar a su puerta, este MIB le pidió un vaso de agua, que, según dijo, necesitaba para "tomarse unas pastillas".

Después de tomar sus pastillas, Apol entregó tres de ellas a Jane y le indicó que se tragara una.

Jane se sintió obligada a obedecer, a pesar de lo recelosa que se sentiría cualquiera ante semejante petición de un desconocido que llamaba a la puerta. En cuanto tomó la pastilla, se sintió mareada y abrumada por una horrible migraña que le martilleaba la frente.

Más tarde, Keel hizo examinar una de las píldoras restantes y determinó que estaba compuesta por algún tipo de compuesto de azufre. Curiosamente, en la época de estos avistamientos, mientras el programa clandestino de control mental MK Ultra estaba en pleno apogeo, la CIA experimentaba activamente con el supuesto suero de la verdad, el tiopental sódico. Este fármaco también es un compuesto azufrado; de hecho, la FDA lo cataloga como "análogo azufrado del pentobarbital sódico". ¿Intentaba el MIB que abordó a Jane cargar a su involuntaria víctima con un suero similar para sacarle la verdad?

Poco después de este episodio, se produjo un caso más alarmante en el que una mujer llamada Jaye Paro *fue* realmente secuestrada por un MIB en un Cadillac negro. Mientras Jaye luchaba en el asiento del pasajero del coche, notó que el salpicadero del vehículo estaba iluminado con luces parpadeantes que parecían tener un efecto casi hipnótico sobre ella. Extrañamente, el interior del coche olía como un hospital, y el olor se hizo aún peor cuando sus captores le pusieron bajo la nariz un pequeño frasco de una sustancia sulfurosa mientras le hacían todo tipo de preguntas. ¿Se trataba de otra dosis de suero de la verdad?

En cualquier caso, una vez terminada la sesión de interrogatorios, los MIB se limitaron a dejar a Jaye donde la habían recogido.

Poco después de este incidente, Keel entrevistó a la primera receptora de la atención indebida de los MIB, Jane Doe, que había sido abordada por la entidad que se hacía llamar Apol. Al parecer, este ser había estado instruyendo a Jane Doe sobre acontecimientos inquietantes que pronto ocurrirían en Oriente Medio, y lo que era aún más alarmante, había pedido a Jane que transmitiera a Keel la advertencia de que algo muy malo estaba a punto de ocurrirle a Bobby Kennedy. Aún faltaban algunos años para el asesinato de RFK, por lo que la predicción resulta un tanto extraña por su exactitud. Comprensiblemente alarmado al recibir semejante mensaje, Keel pidió a la joven que acudiera a su despacho para poder hacerle una regresión hipnótica y obtener más información.

Para su sorpresa, una vez que la puso bajo hipnosis, se encontró hablando no con Jane sino con el propio Apol.

Increíblemente, el MIB afirmó estar estacionado cerca para poder manipular las cuerdas vocales de Jane y utilizarla como un dispositivo de comunicación viviente.

Una explicación de todo esto sería que Jane sufría algún tipo de psicosis y Apol no era más que una de sus propias personalidades múltiples. Por otra parte, muchas de las predicciones de Apol se hicieron realidad.

Robert Kennedy fue asesinado por una bala poco después, y muchos de los otros trastornos políticos predichos también se produjeron.

¿Por qué esta entidad que se hacía llamar Apol afirmaba tener un conocimiento tan íntimo de los futuros acontecimientos mundiales? Aquí es donde la narración de Keel sobre el MIB de Virginia Occidental toma otro giro extraño.

Mientras Keel continuaba su conversación con Apol - que ahora estaba llamando a Keel por teléfono-la entidad afirmó que estaba "atrapada en el tiempo" y obligada a "saltar del pasado al futuro".

Por si la historia no fuera ya lo bastante extraña, he aquí otra capa fantástica del enigma de los MIB. ¿Qué eran los MIB? ¿Agentes gubernamentales que realizaban operaciones psicológicas? ¿Extraterrestres cubriendo sus huellas?

¿Viajeros en el tiempo perdidos?

¿Quizás una combinación de los tres? Más tarde, Keel afirmaría su creencia de que los MIB eran un nuevo nivel de entidad de algún lugar más allá de nuestra percepción, seres a los que denominó "ultraterrestres".

John Keel había intentado desentrañar una historia increíble cuando inició su investigación sobre los extraños sucesos de Virginia Occidental... pero, en muchos sentidos, no hizo más que ahondar en el misterio.

6

Otras desventuras con el MIB

Después de que John Keel diera nombre al fenómeno a finales de la década de 1960, los Hombres de Negro continuaron sus visitas esporádicas a los asociados con los ovnis. Estos encuentros podían ser aterradores, podían ser intimidatorios, pero con la misma frecuencia, podían ser cómicamente absurdos. Tomemos el ejemplo de una mujer cuyo nombre nos llega simplemente como "Sra. B". En octubre de 1967, la Sra. B estaba ocupándose de sus asuntos en su casa de Luis Valley, Colorado, cuando un hombre vestido de negro se presentó en su puerta sin previo aviso. La Sra. B había visto recientemente un OVNI, y el hombre parecía saberlo todo al respecto.

. . .

También parecía saberlo todo sobre muchas otras cosas, aunque era analfabeto. Este extraño MIB echó un vistazo a la biblioteca casera de la Sra. B y declaró: "No sé leer, pero mencione cualquier libro de cualquier biblioteca y podré decirle su contenido".

Luego pareció ofenderse por el hecho de que la Sra. B mantuviera una cocina bien surtida, quejándose de que la humanidad malgasta "demasiado tiempo y energía en comida" y afirmando que sería mejor que los seres humanos simplemente tomaran su alimento directamente "de la atmósfera".

El hombre se topó entonces con un cuadro que la Sra. B había pintado recientemente sobre su avistamiento de ovnis y le dijo que quería comprarlo. La Sra. B se enorgullecía de su trabajo, por lo que valoró mucho el objeto, tras lo cual el MIB, consternado, le informó de que no tenía dinero. La entidad se despidió entonces, salió por la puerta y se montó en su coche para marcharse. La Sra. B., que había estado en una especie de trance extraño durante toda la visita, recobró el sentido cuando el coche se alejaba y tuvo la suficiente presencia de ánimo para anotar la matrícula del coche. Pero cuando la llevó a la comisaría al día siguiente, no encontraron ninguna coincidencia.

. . .

A primera vista, estas historias suenan completamente ridículas. La primera pregunta que viene a la mente es, ¿por qué dejarías entrar a estos extraños personajes en tu casa?

En muchos encuentros con MIB, por muy extraños que sean los MIB, las personas que se encuentran con ellos sienten un impulso irresistible de entretener a sus extraños invitados.

Personas que normalmente no abrirían la puerta a alguien que viene sin invitación, se encuentran abriéndola de par en par para el MIB.

No sólo eso, sino que parecen obligados a seguirles el juego, por ridículo que resulte. Tienen cierta apariencia de control, tal como la Sra. B. demostró al insistir en que se pagara un alto precio por su obra de arte, pero en presencia del MIB, el juicio normal ha quedado suspendido. El anfitrión del MIB puede así ser engatusado para participar en los absurdos escenarios que el MIB inventa.

. . .

Muchos han señalado la gran similitud entre este aspecto de la tradición de los MIB y el de los cuentos de hadas, mucho más antiguos. En casi todos los cuentos de hadas clásicos, en cuanto las hadas se presentan a alguien, es como si todo a su alrededor quedara repentinamente encantado. Nada es normal, ni como debería ser, ni siquiera la fuerza de voluntad para resistirse a los extraños juegos que las hadas hacen jugar a la gente.

En la tradición OVNI, esta experiencia se conoce a veces como el "Factor Oz", en referencia al momento en que la realidad parece plegarse a la voluntad de los OVNIs y sus ocupantes. ¿Son los MIB una variante moderna del antiguo fenómeno de las hadas? Pues bien, al igual que las hadas de antaño, estos embaucadores de hoy en día no parecen tener las cosas claras.

A veces mienten y afirman pertenecer a la CIA, el FBI, las Fuerzas Aéreas, etc., y otras veces reconocen ser extraterrestres, viajeros en el tiempo u otro tipo de (como los denominó el difunto John Keel) ultraterrestres.

En el caso de una investigadora de ovnis llamada Peggy, que fue acosada por MIB a finales de 1967, una de las entidades que la abordaron declaró que él y sus hermanos formaban parte de una vasta conspiración, nada menos que una Hermandad Cósmica. El incidente ocurrió en unos grandes almacenes de Schenectady, Nueva York, donde Peggy -porque ser investigadora de ovnis no siempre paga las facturas- trabajaba a tiempo parcial. Un día, un guardia de seguridad se dirigió a ella como si tuviera algo importante que decirle. Como el hombre formaba parte del equipo de seguridad, Peggy supuso que debía de estar relacionado con la seguridad, pero resultó estar completamente equivocada.

Lo que el hombre quería decirle era que era miembro de una organización secreta llamada la Hermandad Cósmica.

Ahora bien, se podría sospechar que este hombre se había enterado de que Peggy era investigadora de ovnis y que sólo estaba bromeando con ella. Pero por lo que ocurrió a continuación -al menos según el relato de Peggy-, la posibilidad de que se tratara de un intento de humor se desechó de inmediato.

. . .

Otro compañero de trabajo oyó por casualidad al guardia hacer esta extraña proclamación y bromeó: "¡Este tío está loco!"

Este menosprecio llevó al guardia a responder: "Si no te vas de aquí y olvidas lo que has oído, me convertiré en la cosa más horrible que hayas visto jamás".

Mientras el compañero preparaba una respuesta cortante, de los ojos del guardia empezaron a emanar rayos de luz. Completamente asustado, el hombre se esfumó. Poco después de este encuentro, dejó el trabajo y nunca más se supo de él.

¿Era un MIB que se hacía pasar por un vulgar guardia de seguridad? Muchas de las cosas que dijo coinciden con los gestos típicos del MIB. Cuando fue abordado por el compañero de trabajo, el guardia le dijo que olvidara lo que había oído. Este es el protocolo estándar del MIB: señalar a una persona (en este caso Peggy) para comunicarse, pero ordenar a los demás que olviden todo lo que han presenciado. Además de silenciar a los demás, en muchos casos los MIB parecen ser fanáticos del control y del poder, empeñados en hacer saber a sus objetivos que los están vigilando y que pueden interferir en sus vidas en cualquier momento que deseen.

Este fue sin duda el caso del reverendo Martin. El reverendo Martin era un pastor bastante progresista que incluso permitía a sus hijos participar en las festividades de Halloween, y así, en la noche de Halloween de 1968, él y su hija de 4 años salieron a pedir caramelos. Mientras iba de puerta en puerta con su hija para pedir caramelos, el reverendo vio por casualidad una luz que se movía por el horizonte en penumbra en su visión periférica.

Al girarse para ver mejor el objeto, pudo ver la inusual luz brillante moviéndose en extraños patrones por el cielo nocturno. Observó en silencio cómo el objeto salía disparado a gran velocidad y se alejaba de su campo de visión. La secuencia completa de acontecimientos duró sólo unos segundos, pero incluso después de acostarse, el reverendo Martin no podía quitarse el avistamiento de la cabeza. Y mientras se dormía en la víspera de Todos los Santos, el reverendo tuvo un terrible sueño en el que era visitado por una horrible entidad que le ordenaba que no hablara del OVNI que había visto.

A la mañana siguiente, el reverendo Martin, dispuesto a dejar atrás los fantasmas y duendes de Halloween, volvió a sus obligaciones en el santuario y se ocupó de sus quehaceres en la iglesia. Pero le costaba concentrarse en lo que estaba haciendo, y no podía quitarse de encima la sensación de que estaba siendo observado por alguna figura oculta y amenazadora. Sentía que unos ojos ocultos seguían atentamente cada paso que daba.

Cuando dio por terminado el día y abandonó el santuario para volver a casa, la sensación se hizo más fuerte. Por un momento le pareció oír el ruido de alguien que caminaba detrás de él. Deseoso de atrapar a su acosador en el acto, el reverendo Martin se giró para ver quién se acercaba y, para su sorpresa, vislumbró una extraña figura vestida de negro que se agachaba detrás de un camión justo cuando él se giraba. ¿Quién era esa persona que jugaba al escondite en el aparcamiento de la iglesia? ¿Era una coincidencia? ¿Se agachó para recoger algo justo cuando el reverendo Martin se giró? ¿O se trataba de una travesura de MIB del más alto nivel?

. . .

Los acontecimientos de los días siguientes demostrarían que era esto último. Y a medida que avanzaban las cosas, el reverendo Martin no fue el único en encontrar actividad MIB. Sus hijos comenzaron a reportar que extraños hombres de negro aparecían y desaparecían en sus dormitorios por la noche. Desde el principio, los encuentros MIB del Rev. Martin fueron mucho más abiertamente paranormales que las manifestaciones MIB más "de libro de texto". No había Cadillacs negros apareciendo en la entrada para señalar una entrevista MIB; como el MIB de Bender, estos Hombres de Negro simplemente se materializaban a voluntad.

La familia soportó esta inusual actividad durante algún tiempo antes de que la esposa del reverendo Martin decidiera marcharse y llevarse a los niños con ella.

El reverendo casi esperaba la separación, y la aceptó de buen grado si ello permitía a su familia escapar del tormento al que estaban siendo sometidos. Se quedó solo frente a sus verdugos, y la gran extrañeza que le producía la actividad de los MIB seguiría atormentándole de diversas maneras a lo largo de los años siguientes.

. . .

Finalmente, en el décimo aniversario de la noche en que vio por primera vez el OVNI, esta extraña variante del MIB decidió presentarse plenamente al Reverendo. Aquella noche de Halloween, cuando aún estaba despierto, varias entidades se materializaron ante él, todas a la vez. Las criaturas eran bajas, calvas y con forma de hombre, pero tenían un aspecto decididamente inhumano. Mientras el reverendo Martin miraba atónito, el aparente líder del grupo declaró que sólo quería asegurarse de que el reverendo no les guardaba rencor por todas las bromas que le habían gastado a lo largo de los años.

Las entidades le informaron entonces de que podían cambiar de aspecto a voluntad y, como para demostrarlo, empezaron a transformarse en todo tipo de criaturas fantásticas, transformándose en ángeles un segundo, en extraterrestres al siguiente, así como en Pie Grande, duendes, trolls y todo tipo de criaturas de mitos y leyendas que rondan la conciencia humana. Sorprendentemente, permitieron al reverendo Martin hacer fotos mientras realizaban estas fantásticas hazañas.

. . .

Pensando que por fin iba a tener las pruebas que necesitaba para demostrar al mundo que no estaba loco después de todo, tomó varias fotos de sus transformaciones. Los MIB se marcharon, aparentemente sin reservas sobre las pruebas que habían dejado. Esto, por supuesto, contrasta con el comportamiento habitual de los MIB, ya que su objetivo suele ser confiscar pruebas sobrenaturales, ¡no crearlas!

Pero la historia no termina ahí. Antes de que el reverendo Martin pudiera enseñar las fotografías a nadie, volvieron a llamar a su puerta y se encontró con dos policías. Le dijeron que no se preocupara, porque no estaban allí en misión oficial; sólo habían oído que tenía información interesante sobre ovnis. Esto habría parecido bastante extraño en circunstancias normales, pero como ocurre a menudo con las visitas de los MIB, el Factor Oz de la realidad suspendida se apoderó de él, y el reverendo Martin invitó de buena gana a los "oficiales" a entrar. Cuando les enseñó las fotos, expresaron su aprobación por la rara documentación y le felicitaron porque esa prueba sería una gran reivindicación de "su trabajo" (presumiblemente en el campo de la investigación OVNI). Aparentemente satisfechos, se marcharon.

. . .

Sin embargo, los mismos hombres volvieron unas horas más tarde, y esta vez su actitud se había transformado drásticamente, pasando de la curiosidad fingida a la agresión descarada. En cuanto el reverendo Martin abrió la puerta, sin mediar palabra, entraron a empujones en su casa, la registraron y le sacaron fotos.

A continuación, la "policía" metió al clérigo en la parte trasera de su vehículo y se lo llevó de paseo. Desde la parte trasera del coche patrulla, escuchó horrorizado cómo los hombres de delante murmuraban sobre qué hacer con su cuerpo. Pero en lugar de matarlo, simplemente lo abandonaron en medio de la nada y lo dejaron para que encontrara el camino de vuelta a casa.

Fue entonces cuando el reverendo Martin comprendió por fin que la "policía" que había llamado a su puerta no era realmente policía. Al igual que el guardia de seguridad que abordó al investigador OVNI en Schenectady, Nueva York, no era un guardia de seguridad, y los oficiales de la Fuerza Aérea NORAD que acosaron a Rex Heflin no eran personal de la Fuerza Aérea, ¡estos policías no eran más que Hombres de Negro!

7

Testigos silenciosos del MIB

El 16 de agosto de 1972, Peter y Sandra Taylor estaban conduciendo por la campiña inglesa cuando la radio empezó a oscilar de una emisora a otra. Poco después del comienzo de esta extraña interferencia, los Taylor miraron por la ventanilla del conductor y vieron una nave brillantemente iluminada que intentaba aterrizar detrás de un grupo de árboles. Mientras seguían la serpenteante carretera, se sobresaltaron al ver que el objeto había aterrizado en un lugar por el que pasarían de largo.

Peter, más que nervioso, redujo la velocidad del coche mientras contemplaban el caleidoscopio de colores que emitía el extraño vehículo. La nave tenía la forma de un gran melón y tenía luces intermitentes que se entrecruzaban por toda su superficie. Mientras seguían contemplándola, los Taylor se dieron cuenta de que había otros coches en la carretera presenciando el increíble acontecimiento.

Había dos coches delante de ellos, más cerca del objeto, y un coche detrás de ellos. Todos estos coches debieron de ver la nave, pero ninguno se detuvo. Los demás conductores pasaron de largo y siguieron su camino.

La nave empezó a mostrar un fenómeno aún más extraño.

Una especie de puerta brillantemente iluminada comenzó a materializarse en el lateral de la nave. La abertura comenzó como un pequeño punto de luz, pero luego se expandió hasta trazar una puerta entera en el casco de la nave. En estado de shock, Peter detuvo el coche y se quedó mirando el objeto. Su parálisis sólo se interrumpió cuando vio que su mujer intentaba salir del coche.

. . .

Sandra explicó más tarde que sintió una extraña especie de compulsión a caminar hacia la nave. Abrió la puerta del coche para ir, y sólo el valiente esfuerzo de su marido por mantenerla en su sitio le impidió salir. Lo siguiente que recuerdan los Taylor es haber despegado a gran velocidad por la carretera, dejando atrás el objeto. Con el extraño OVNI a salvo en su retrovisor, acordaron simplemente olvidarse de todo el asunto.

Al día siguiente, sin embargo, la pareja tuvo su primer encuentro con los Hombres de Negro.

Los MIB eran agentes de policía a los que los Taylor encontraron esperándoles en un coche patrulla en la entrada de su casa. No había ninguna razón para que estuvieran allí, nadie había llamado a la policía, pero estaban aparcados en la propiedad privada de los Taylor. Cuando establecieron contacto visual, uno de los hombres les gritó inmediatamente: "¿Tienen algo que denunciar?"

Peter y Sandra supusieron que el policía se refería al avistamiento de ovnis del día anterior, pero ya habían acordado no hablar del suceso, así que ambos respondieron negativamente. Sin embargo, este "agente" no aceptó un no por respuesta. Siguió preguntándoles qué estaban haciendo, dónde habían estado y por qué llegaban tan tarde a casa.

Como no habían cometido ningún delito, recibir el tercer grado de un agente de policía cualquiera fue muy inquietante, pero al final consiguieron pasar por delante de la extraña figura y llegar a la seguridad de su casa.

El comportamiento del agente era agresivo y muy poco habitual, pero eso no significa necesariamente que fuera un MIB. En cualquier caso, al día siguiente Sandra cambió radicalmente de opinión. Decidió que sí quería contar su historia, llamó al departamento de policía, y no pasó mucho tiempo antes de que dos oficiales se presentarán en la puerta de los Taylor.

De hecho, la rapidez con la que llegaron fue un poco inusual, ya que la comisaría más cercana estaba a varios kilómetros de distancia.

. . .

A la extrañeza se sumaba el hecho de que aquellos agentes parecían saberlo todo sobre el incidente antes incluso de que Peter o Sandra se lo explicaran. Los hombres incluso ofrecieron la única información que Peter y Sandra pensaban que no sabían. Preguntaron: "Había otros coches, ¿no?". Tras unas cuantas preguntas más, los hombres les informaron de que la policía local ya había investigado a fondo el asunto y había determinado que lo que los Taylor habían visto no era más que una gran tienda de campaña. Imagínense la reacción de la pareja cuando les dijeron que el OVNI que les había cambiado la vida no era más que una gran carpa de circo instalada en el suelo.

Tras dar esta "explicación" del encuentro, uno de los agentes le preguntó: "¿Quiere cambiar su historia a la luz de esto?"

A lo que Sandra respondió enfáticamente: "¡No estoy ciega! Tengo muy buena vista, ¡y sé lo que vi!"

Los dos policías les dijeron básicamente: "Muy bien", y siguieron su camino.

. . .

Sandra y Peter pensaron que esto sería el final, pero para su estupefacto asombro, una semana después vieron un periódico con el titular "¡Pareja huye aterrorizada!". Era una noticia sobre el ovni que habían presenciado, y Sandra y Peter supusieron que la fuente debía de ser alguno de los otros automovilistas que circulaban por la carretera aquella noche. Desde luego, no podían haber sido ellos -pensaron-, ya que se habían negado incluso a presentar una denuncia. Pero, por increíble que pareciera, al leer el periódico se dieron cuenta de que, en efecto, la noticia era sobre ellos. Al parecer, los policías con los que habían hablado habían filtrado su relato a la prensa sin su permiso.

Esta versión no autorizada de los hechos hizo que la casa de los Taylor se viera desbordada por todo tipo de medios de comunicación y entusiastas de los ovnis, y entre este grupo apareció un elemento aún menos deseable: los Hombres de Negro. Como en tantas otras ocasiones, estos misteriosos hombres llegaron en un Cadillac completamente negro.

Llevaban la indumentaria oscura habitual de los MIB, y también estaban dispuestos a mostrar documentos de identidad de aspecto impresionante, pero en última instancia falsos, que decían que pertenecían al Ministerio de Defensa de Gran Bretaña. Estos hombres acorralaron a Peter en una habitación aislada de la casa, lejos del resplandor de las cámaras, donde le dijeron severamente: "Mira, te conviene no hablar con nadie de esta experiencia". Los MIB ejercían una vez más presión para que se callara la historia.

Curiosamente, esta vez sus objetivos no podían estar más de acuerdo. Peter informó al MIB de que le gustaría guardar silencio, pero que con la intrusión de los medios de comunicación era casi imposible. El MIB le respondió simplemente: "Déjamelo a mí". Para asombro de los Taylor, el hombre se dirigió a la multitud de periodistas y les pidió que se fueran a otro lugar. Increíblemente, la multitud escuchó y empezó a dispersarse como si estuvieran completamente bajo el control de esta entidad.

Cuando todos se fueron, el MIB volvió a entrar y empezó a interrogar a Peter sobre lo que sabía del OVNI. Parecía especialmente interesado en la puerta que había aparecido en el lateral de la nave, y le preguntaba una y otra vez por ese aspecto del suceso. Pero Peter, agradecido por haberse quitado de encima a los medios de comunicación, estaba encantado de responder a todas las preguntas que el Hombre de Negro quisiera hacerle.

El modus operandi de los silenciadores MIB fue un poco diferente en el caso extraordinariamente extraño del Dr. Herbert Hopkins. El Dr. Hopkins, investigador de ovnis e hipnoterapeuta en ejercicio, fue abordado por un MIB en septiembre de 1976. Había estado trabajando muy duro con un paciente de Maine para pulir los detalles de la experiencia del cliente con los ovnis. Este trabajo, sin embargo, se detendría en seco tras el encuentro del Dr. Hopkins con los Hombres de Negro.

Todo empezó con una llamada telefónica. Su mujer y sus hijos se habían marchado por la tarde y, casi tan pronto como se quedó solo, su teléfono empezó a sonar. La persona que estaba al otro lado decía ser un investigador de ovnis de Nueva Jersey que había sido remitido al Dr. Hopkins a través de otros investigadores. Le pidió reunirse con él para compartir notas y discutir algunos de los casos en los que había estado trabajando. El Dr. Hopkins no vio ninguna razón para negarse y concertaron una cita para que el hombre se reuniera con él esa misma tarde. Pero resultó que el hombre estaba dispuesto a venir antes. De hecho, justo después de colgar el teléfono y encender una luz exterior para ayudar al visitante a localizar su puerta, el Dr. Hopkins miró por la ventana y vio una figura vestida de negro en el umbral de su casa.

Como pronto supo, se trataba del hombre con el que el Dr. Hopkins acababa de hablar por teléfono. Más tarde, el Dr. Hopkins se maravillaría de lo imposible de la situación. Era mucho antes de que existieran los teléfonos móviles y no había cabinas telefónicas cercanas, por lo que el hecho de que el hombre hablara con él por teléfono un minuto y al siguiente estuviera en la puerta de su casa era un misterio desconcertante. A pesar de lo extraño de la llegada, el Dr. Hopkins se encontró en plena efervescencia del Factor Oz y, a pesar de la extrañeza, admitió de buen grado al hombre en su casa.

Aunque los temores del Dr. Hopkins se habían apaciguado de forma paranormal, no podía decirse lo mismo de su perro, que inmediatamente percibió que algo raro ocurría con el extraño. En cuanto el hombre cruzó la puerta, el perro ladró, gimió y corrió a esconderse en un armario con el rabo entre las piernas.

・ ・ ・

Cuando el visitante se sentó en el salón, el Dr. Hopkins se fijó en su aspecto. Llevaba una camisa blanca bien planchada y almidonada, metida dentro de un pantalón negro, con corbata negra y un traje de chaqueta negro por encima.

También llevaba el clásico sombrero de fieltro negro que caracteriza a los MIB. Pero fue al quitarse el sombrero cuando su aspecto se volvió realmente inquietante. Al quitarse el sombrero, el Dr. Hopkins pudo ver que el hombre estaba pálido como la muerte y completamente desprovisto de pelo. Era calvo, sin vello facial, ni cejas, ni siquiera pestañas. No parecía tener un solo pelo en el cuerpo. La otra cosa extraña de su aspecto eran sus labios, de un rojo cereza brillante.

Más tarde, en el curso de la conversación, el Dr. Hopkins se sorprendió al ver que el MIB se limpiaba los labios con la mano, ¡y al ver que los labios se emborronaban como si no fueran más que maquillaje pintado!

・ ・ ・

Por desconcertantes que fueran todas estas cosas, el Dr. Hopkins nunca se planteó dar por terminada la entrevista con el hombre; sentía que tenía que seguir respondiendo a sus preguntas.

Así pues, el MIB cerró la sesión con la extraña observación de que el Dr. Hopkins tenía "dos monedas" en el bolsillo y le hizo comprobarlo. El Dr. Hopkins buscó obedientemente en su bolsillo e informó que efectivamente había dos monedas allí. El Dr. Hopkins, que cada vez tenía más la sensación de estar siendo sometido a una extraña ronda de trucos de magia, recibió instrucciones de sacar una de las monedas del bolsillo y sostenerla en la palma de la mano. Su extraño visitante le indicó que mirara atentamente la moneda y, para asombro del Dr. Hopkins, empezó a cambiar de forma y color en su mano. Era como si la moneda estuviera sufriendo algún tipo de cambio molecular espontáneo. De repente, la moneda desapareció como si nunca hubiera existido.

Mientras el Dr. Hopkins miraba cada vez más alarmado su mano ahora vacía, el MIB le informó rotundamente: "Esa moneda no volverá a verse en este planeta". Cambiando extrañamente de tema, el MIB preguntó entonces al Dr. Hopkins muy seriamente si había oído hablar alguna vez de Barney Hill. Lo había oído: Hill era un abducido por extraterrestres que junto con su esposa Betty se había convertido en uno de los casos más famosos de la ufología.

Pensando que el hombre quería comparar los hechos del famoso caso con algunos de los otros casos que habían discutido esa noche, el Dr. Hopkins respondió que sí, que había oído hablar de Barney, pero pensaba que el famoso abducido había muerto recientemente.

Su extraño visitante asintió e informó al Dr. Hopkins de que su recuerdo era exacto. A continuación, hizo el críptico comentario de que Barney había muerto porque "no tenía corazón", y añadió de forma escalofriante: "Igual que usted ya no tiene moneda, Barney ya no tiene corazón". Según el registro oficial, Barney Hill había muerto de un aneurisma cerebral, pero esta entidad parecía estar afirmando que su corazón se había anulado con la misma facilidad que la moneda: ¡una sugerencia inquietante, como mínimo!

. . .

Inmediatamente después de esta siniestra y amenazadora insinuación, el MIB ordenó al Dr. Hopkins que dejara de hablar de ovnis y destruyera cualquier información relacionada con su caso actual. Una vez cumplida su misión de amenazar y acosar al Dr. Hopkins, el ser se levantó bruscamente y, con un habla ahora extrañamente vacilante, anunció que su "energía" se estaba "agotando". Se despidió del Dr. Hopkins mientras se esforzaba por salir por la puerta.

El Dr. Hopkins vio cómo el hombre caminaba por el camino de entrada hacia una luz azul brillante que emanaba de algún lugar en la distancia. De repente, la luz y el hombre desaparecieron en el aire. El Dr. Hopkins quedó tan conmocionado por el encuentro que inmediatamente destruyó todas sus notas sobre los casos OVNI en los que estaba trabajando y se negó a hablar del incidente durante varios años. Se convirtió en otro testigo silencioso del MIB.

8

Las Mujeres de Negro

Hasta ahora, todos los casos que hemos analizado se referían a hombres de negro. ¿Y las mujeres de negro? ¿Se han producido encuentros de este tipo? Sí, aunque su número es ciertamente menor, tal vez apenas un puñado. O sería más exacto decir que los casos denunciados en los que están implicadas mujeres de negro son mucho menos numerosos que los de sus homólogos masculinos.

Sea cual sea la razón, la escasa frecuencia de los informes no les resta importancia. De hecho, como ya he señalado en estas páginas, Albert Bender tenía un primo que había recibido visitas en su dormitorio de una Mujer de Negro, aunque hay que reconocer que los detalles son escasos.

. . .

Mucho menos escaso en detalles, sin embargo, es el extraño caso de un hombre llamado Colin Perks, con quien me reuní en 2001, antes de su muerte en 2009.

Tenía una obsesión primordial por encontrar el lugar de descanso final del legendario Rey Arturo, que llegó a creer que se encontraba en algún lugar en las inmediaciones de una antigua abadía en la antigua ciudad inglesa de Glastonbury.

A finales del año 2000, cuando sus investigaciones sobre los cuentos del rey Arturo eran más intensas, Perks recibió una extraña llamada telefónica de una mujer que deseaba reunirse con él para hablarle de sus estudios artísticos. Perks se sintió muy incómodo, ya que no tenía familia y muy pocos de sus compañeros de trabajo y amigos conocían su pasión por los cuentos y la mitología del antiguo rey. Sin embargo, el hecho de que la enigmática interlocutora de Perks sí lo supiera le convenció para aceptar reunirse con ella, nada menos que en su propia casa, no lejos de la legendaria ciudad de Glastonbury.

. . .

A las siete de la tarde de la noche acordada, llamaron con fuerza a la puerta principal. Al abrirla, Perks se encontró cara a cara con la que describió como la mujer más hermosa que había visto en su vida. Medía alrededor de 1,8 m, tenía unos 40 años, el pelo negro en cascada y la piel de color leche. Se identificó como la señorita Sarah Key, pero, a todos los efectos, era una Mujer de Negro. Permaneció en silencio, esperando permiso para entrar.

Al igual que había hecho el Dr. Herbert Hopkins con su Hombre de Negro en 1976, Perks se dejó llevar por la cautela, invitó a su casa a la misteriosa visitante y la hizo pasar al salón. Cuando ambos se sentaron, la conversación, según el recuerdo de Perks, comenzó más o menos así: "Sr. Perks, yo y varios de mis colegas hemos seguido de cerca sus investigaciones estos últimos años". "Eso son tonterías", respondió Perks. "No he publicado nada y no he hablado prácticamente con nadie. Si sabe algo de mí, sabrá que soy reservado y así me gusta". Sin embargo, Key replicó con una sonrisa cruel: "Lo sé todo sobre ti".

Como prueba de su afirmación, la Mujer de Negro desgranó detalle tras detalle la búsqueda de Perks de los restos del rey Arturo. Key dijo que estaba allí para expresar las preocupaciones de un selecto grupo de personas dentro de la élite gobernante británica que tenían un interés particular en ciertas facetas de los dedicados estudios de Perks.

La historia esbozada a Perks era alucinante. El lugar de descanso del rey Arturo, le informaron cuidadosamente, era también la puerta de entrada a un duro reino poblado por criaturas de pesadilla que probablemente provocarían una catástrofe si se les permitiera entrar en nuestro mundo.

Además, abrir la tumba de Arturo aseguraría la apertura de esa temida puerta.

Por lo tanto, era vital que cesara en sus investigaciones, dijo, para que no se desencadenara un desastre en las Islas Británicas, y quizá también en todo el planeta.

Según Perks, en ese momento, Key se acercó a él y le dijo algo parecido a: "Sr. Perks, no puede ni empezar a comprender la enormidad de lo que tiene ante usted.

Por eso le visito a usted y no... a otra persona. Si continúa y no deja pasar este asunto, ese alguien vendrá a llamarle, créame. Y no lo querrás".

Key se levantó y se dirigió a la puerta. Su comportamiento se volvió mucho más agradable y, según recordaba Perks, dijo unas palabras del estilo de: "Eso es todo, Sr. Perks. Ha hecho usted bien, pero no husmee más. Lo que está a punto de descubrir es la puerta a otro mundo. Y usted no quiere saber lo que hay allí, créame. Y nosotros no queremos que abras esa puerta. Sal y diviértete y deja todo esto atrás. Pero si persistes, recibirás otro visitante y entonces las cosas estarán fuera de nuestro control". La señorita Key, una Mujer de Negro definitivamente británica -que se parecía bastante al personaje de Diana Rigg, Emma Peel, en la clásica serie de aventuras televisivas de los años sesenta Los Vengadores-giró sobre sus tacones negros de aguja, salió por la puerta mientras Perks permanecía en silencio y se fundió en la oscuridad tan enigmáticamente como había aparecido en un principio.

Por desgracia para Perks, no podía permitir que su investigación se detuviera después de tantos años persiguiendo e intentando desentrañar incansablemente las viejas leyendas del rey de las fábulas. Habiendo tomado el imprudente camino de ignorar el mensaje de su Mujer de Negro, Perks recibió otra visita, muy diferente de la seductora Sarah Key.

Hacia las 9 de la noche de un sábado de principios de noviembre de 2000, Perks volvía a casa desde la ciudad de Bath por un tramo especialmente largo de carretera arbolada. Extrañamente, dado que se trataba de una noche de fin de semana al margen de una bulliciosa ciudad, Perks dijo que no vio absolutamente ningún otro coche en la carretera.

Sin embargo, vio algo: De repente, Perks se encontró con lo que parecía un hombre corpulento parado en medio de la carretera, a horcajadas sobre la línea blanca central.

Cuando Perks redujo la velocidad de su vehículo a paso de tortuga, para su terror, pudo ver que el "hombre" no era en realidad nada de eso.

. . .

Tenía la piel pálida, los brazos y las piernas escuálidos y, en la parte superior del torso, un par de enormes apéndices parecidos al cuero -alas, en otras palabras-de naturaleza claramente similar a la de un murciélago.

Cuando los faros de su vehículo bañaron al animal en una cascada de luz, Perks pudo ver que los huesos brillaban a través de sus patas, que parecían prácticamente huecas. Pero lo más aterrador de todo era la cabeza del monstruo: Sin pelo y con dos orejas puntiagudas, sus ojos ardientes quemaban profundamente el alma de Perks. Una mueca malévola se dibujó en su rostro de nariz ganchuda, mientras un par de grandes colmillos de aspecto letal se extendían desde una boca abierta.

Perks tuvo la presencia de ánimo de no detenerse. De hecho, hizo precisamente lo contrario: Pisó a fondo el acelerador y se dirigió hacia la bestia. Pero, como un espectro de una novela gótica del siglo XIX, desapareció en un instante.

Perks, conmocionado, se dirigió a casa y a la seguridad de su cama. Durante una semana todo fue normal. Pero en las primeras horas del 14 de noviembre de 2000, se vio sacudido violentamente de su sueño por la visión de la bestia diabólica, que esta vez se cernía sobre su cuerpo congelado por el miedo. De repente se abalanzó sobre él, le agarró de las muñecas y le gritó algo que Perks me aseguró que era exacto al cien por cien: "Te dijeron que vendría".

Perks se dio cuenta, en un instante aterrador, de que se trataba de la visita de seguimiento de la que Sarah Key le había advertido cuidadosa y específicamente.

Mientras Perks miraba a la bestia aterrorizado, un mensaje telepático retumbó en su cabeza. Era muy parecido al de la Mujer de Negro: Mantente alejado de todo lo Artúrico. Y con eso, la bestia desapareció de repente. Y, al menos por un tiempo, también desapareció la investigación de Perks.

Poco después de reunirme con Perks en 2001, me trasladé a vivir a Estados Unidos y nunca más tuve la oportunidad de hablar con él en persona.

Sin embargo, en el verano de 2008, Perks compartió en voz baja algunas ideas adicionales sobre el asunto con varios antiguos miembros del ya desaparecido Grupo OVNI de Staffordshire, con sede en Gran Bretaña. Para entonces, unos siete años después de que yo le conociera, Perks había llegado a una conclusión de lo más insólita: que Sarah Key y el horrible monstruo eran, increíblemente, la misma persona. Key, en la mente de Perks, era una metamorfa que había adoptado ingeniosamente la apariencia de una elegante y sensual representante del gobierno británico como medio para silenciar a Perks mediante un potente cóctel de intimidación y miedo. Pero, cuando ese enfoque fracasó, dejó caer su fachada femenina y se presentó en todo su terrible esplendor. Sin embargo, como un yonqui en busca de la siguiente dosis, Perks no pudo mantenerse alejado de la búsqueda de la verdad tras los cuentos del Rey Arturo durante mucho tiempo, y finalmente volvió a la emoción de la persecución.

Hasta que, a principios de la primavera de 2009, sufrió un infarto fulminante en la llanura inglesa de Salisbury.

Si la muerte de Perks se debió a años de mala vida, estrés y cigarrillos, que fumó en cadena durante todo mi encuentro con él, o a la mano malévola de la sobrenatural Sarah Key, la definitiva Mujer de Negro, nunca lo sabremos. Pero ésta no es la única ocasión en la que la fría belleza negra y una terrible bestia alada han cruzado sus caminos. En un célebre caso ocurrido décadas antes, y desde el otro lado del mundo, se fundieron en uno solo.

Hay otro caso más en el que están implicados un monstruo volador y una Mujer de Negro, y, en esta ocasión, también un Hombre de Negro. Al igual que la aterradora experiencia de Colin Perks, también data del año 2000.

Durante años han surgido historias siniestras y sensacionalistas de los bosques y las tierras bajas de Puerto Rico que hablan de una criatura extraña y letal que vaga por el paisaje de noche y de día, sembrando el terror en los corazones de la población. Tiene un par de ojos rojos brillantes, poderosas manos en forma de garras, dientes afilados como cuchillas, un cuerpo parecido al de un mono, una hilera de púas feroces a lo largo de la espalda y, en ocasiones, un par de alas grandes y coriáceas en forma de murciélago.

. . .

Se dice que la bestia se alimenta de la sangre de la población local, predominantemente de cabras, tras perforarles la yugular con dos afilados dientes. Así es: Puerto Rico tiene un vampiro monstruoso entre sus habitantes. Su nombre es Chupacabra, término latino que significa "chupador de cabras".

Abundan las teorías sobre la naturaleza de la bestia, con algunos investigadores y testigos sugiriendo que el monstruo es alguna forma de murciélago gigante; otros prefieren la teoría de que tiene orígenes extraterrestres: La idea más estrafalaria que se ha postulado es que el Chupacabras es la creación de un laboratorio de investigación genética ultrasecreto oculto en las profundidades del bosque tropical El Yunque de Puerto Rico, situado en la Sierra de Luquillo, a unos 40 km al sureste de la ciudad de San Juan.

En varias ocasiones he viajado a la isla de Puerto Rico en busca del Chupacabras vampírico y quizás algún día determinar su verdadera naturaleza. En una ocasión en particular, mientras vagaba por Puerto Rico en 2005 con el cineasta canadiense Paul Kimball (estábamos allí para rodar un documental titulado Fields of Fear), tuve la gran suerte de conocer y entrevistar a un hombre llamado Antonio, un criador de cerdos que tuvo una experiencia inusual en el año 2000 que le llevó a recibir una visita decididamente extraña de un dúo Mujer de Negro/Hombre de Negro.

Según me contó Antonio, uno de sus animales había muerto, tras caer la oscuridad, por las ya familiares marcas de pinchazos en el cuello. En este caso, sin embargo, el animal presentaba tres de estas marcas, en lugar de las dos habituales. Además, varios conejos de la propiedad habían sido sacrificados de forma idéntica.

En el momento en que se producía toda la carnicería, el resto de los animales de Antonio estaba armando un alboroto considerable. Al oír esto, salió corriendo de su casa con un machete en la mano, y lo lanzó con fuerza en dirección al depredador merodeador. Extrañamente, me dijo, el arma pareció rebotar en algo que parecía de naturaleza metálica.

De hecho, Antonio sugirió que aquello con lo que había entrado en contacto el machete parecía blindado. Sin embargo, debido a la abrumadora oscuridad, no tenía ni idea de qué criatura podía ser. Pero, sin duda, algo mortal merodeaba por la propiedad. Sin embargo, el aspecto más desconcertante del asunto aún estaba por llegar. Así era: Antonio estaba a punto de recibir una visita del tipo que hemos encontrado una y otra vez en estas páginas.

Poco después de la matanza del cerdo y los conejos, un hombre y una mujer vestidos con el típico atuendo negro de aspecto oficial (en un día de calor sofocante, nada menos), que anunciaron que trabajaban para la NASA, llegaron a la granja y rápidamente procedieron a hacer a Antonio un montón de preguntas sobre lo que había ocurrido, lo que había visto y la forma en que sus animales habían encontrado su horrible destino. Una vez terminada la conversación, la pareja dio las gracias al desconcertado granjero, como corresponde a las Mujeres de Negro y a los Hombres de Negro, es decir, sin ningún tipo de emoción, y se marcharon sin decir ni una palabra más. Antonio no tenía ni idea de cómo el dúo oscuro sabía que se habían producido los ataques y por qué la NASA enviaría personal a su granja para investigarlos.

. . .

Una cosa que Antonio me dijo que se había guardado de informar a sus dos misteriosos visitantes fue la siguiente: A la mañana siguiente del ataque, encontró en su propiedad unas extrañas huellas separadas entre sí por una gran distancia.

Pensó que lo que las había hecho tenía la capacidad de saltar distancias considerables, de forma parecida a la de un canguro, o tal vez, pensó, tenía la capacidad de volar.

Monstruos que saltan o vuelan, hombres y mujeres de negro y animales mutilados sugerían que algo muy extraño estaba, y tal vez siga estando, en marcha en Puerto Rico.

9

Alucinaciones

Tras haber estudiado una gran cantidad de datos sobre encuentros del tipo MIB, seguramente las preguntas más importantes de todas son: ¿Quién o qué son los Hombres de Negro? ¿Y cuál es la verdadera naturaleza de sus oscuros y sobrenaturales planes? Intentar responder a estas preguntas es una tarea formidable; sin embargo, el velo de secretismo, oscuridad y evasión que rodea a los MIB puede ser penetrado e interpretado con éxito, siempre que se comprendan los extraños reinos en los que uno debe husmear. Para tener siquiera una esperanza de comprender las complejidades del fenómeno de los Hombres de Negro, primero tenemos que echar un vistazo en profundidad a los "tres hombres" de la leyenda de los MIB. Basándose en lo que ha leído hasta ahora, se le puede perdonar que suponga que el trío al que me refiero son esas almas siniestras que tan a menudo se han manifestado desde lugares desconocidos para amenazar, intimidar y silenciar a quienes, por accidente o por designio, se atreven a entrar en el corralito ufológico.

Sin embargo, los tres hombres que tengo en mente no son nuestros misteriosos visitantes.

No; son un trío de otros personajes muy diferentes. Y en muchos sentidos son aún más misteriosos y legendarios que los propios Hombres de Negro. De hecho, sin estos tres hombres en particular, el fenómeno de los MIB simplemente no existiría, o al menos no existiría en la forma y el motivo en que hoy se reconoce más fácilmente. Los tres hombres a los que me refiero son -si aún no lo han adivinado del todo-Albert Bender, Gray Barker y John Keel.

Sólo si tratamos de comprender el funcionamiento interno de esta banda de extraordinarios tejedores de historias podremos dar al menos algún sentido a los Hombres de Negro. Y para ello, es esencial que examinemos los pensamientos, ideas, conclusiones y recuerdos de varias figuras clave de la ufología que se reunieron, conocieron o mantuvieron correspondencia con los tres, que han estudiado en profundidad sus vidas, experiencias y carreras. Empezaremos, como no podía ser de otra manera, por Albert Bender.

Muchos estudiosos de la ufología se contentan con descartar la historia de Bender sin siquiera pensárselo dos veces, en particular los relatos, ciertamente difíciles de creer, de su alocado viaje a la Antártida, y sus almejas de que se le había confiado la supuesta verdad tras el fenómeno OVNI.

Jerome Clark, uno de los pensadores más eruditos y lúcidos de la ufología, dice: "Platillos volantes y los tres hombres es, obviamente, una mediocre novela de ciencia ficción. Bender, estoy seguro, la escribió para quitarse de encima a los aficionados a los platillos. Incluso Barker estaba decepcionado en privado con el manuscrito, como me dijo unos años después de su publicación."

No obstante, Clark no descarta totalmente a Bender como un personaje fantasioso sin importancia. Como se ha señalado anteriormente en las páginas de este libro, Clark da crédito a la posibilidad de que Bender recibiera, en 1953, la visita de agentes del FBI. Continúa, en una línea de pensamiento relacionada:

Hay algo de sustancia, por mucho que se exagere, en Sabían demasiado sobre platillos volantes. Algo asustó a Bender, y hasta cierto punto ese algo intrigó a Gray Barker, que a principios de los años cincuenta no era tan cínico como llegaría a ser. Barker, sin embargo, soplaba caliente y frío en sus pensamientos privados, algunos conservados en correspondencia. Sabía que Bender era de naturaleza asustadiza y paranoica y -más allá de eso-le gustaba que la gente le prestara atención. Estas consideraciones llevaban a Barker a preguntarse si Bender no habría ampliado algún pequeño y genuino incidente hasta convertirlo en algo extraordinario y melodramático. Otras veces Barker se preguntaba si tal vez había ocurrido algo realmente insólito. Por supuesto, las dudas que albergaba no se mencionaban en su entretenido libro.

Jim Moseley, el amigo más íntimo de Gray Barker hasta la muerte de éste, dice de Bender: "Creo que su historia era tonta e ingenua, y no sé por qué alguien la habría creído. Yo nunca la creí. Creo que Gray Barker sí lo hizo durante un tiempo, y luego acabó dándose cuenta de que era una tontería. Creo que Bender quería irse en un resplandor de gloria, que es mejor que irse en silencio o lentamente. No había nada original ni detallado en nada de lo que contaba. Esta historia sobre la Antártida era simplemente ridícula. Creo que se aburrió rápidamente o se desanimó con los platillos volantes y quiso irse con un estallido en lugar de un gemido. Decidió dejarlo".

Pero, ¿eso es todo? Puede que no. Aquí es donde las cosas se ponen turbias y controvertidas.

Jerome Clark puede estar en lo cierto al sospechar que Bender fue entrevistado por agentes del FBI a principios de los años 50 -posiblemente como resultado de las recomendaciones del Panel Robertson de la CIA en 1953-y que posteriormente convirtió lo que podría haber sido un encuentro bastante traumático con un trío de Hombres G en una compleja historia de visitas de tres Hombres de Negro de aspecto alienígena mucho más inquietantes. Pero hay otros aspectos de la historia de Bender que piden a gritos ser analizados y que sugieren que en aquel oscuro desván de hace tantos años pudo haber algo más.

. . .

Tenemos que empezar por el estado de salud -físico y psicológico-de Bender. Como ya he señalado, el hombre era un personaje de complejidades casi infinitas. Obsesivo-compulsivo, temeroso a muerte del cáncer, profundamente involucrado en asuntos ocultos y que pasaba la mayor parte del tiempo en el ático poco iluminado de su padrastro, Bender no era lo que mucha gente describiría como normal. Eso no significa, sin embargo, que Bender fuera incapaz de existir en el mundo real; ciertamente lo era. Tenía un trabajo fijo en la Acme Shear Company, hoy conocida como Acme United Corporation. Creó un grupo de investigación OVNI de éxito fenomenal -aunque no estaba destinado a durar mucho tiempo-e incluso escribió un libro: Los platillos volantes y los tres hombres. Y realmente, ¿quién de nosotros es digno de definir lo que significa ser normal?

Como ya señalé al principio de las páginas de este libro, Bender sufría migrañas atroces, mareos y aturdimiento agudo, le molestaban constantemente los olores sulfurosos de su entorno inmediato y a menudo se veía obligado a tumbarse en su cama del ático cuando los ataques de migraña le abrumaban, En ese momento se quedaba dormido o entraba en lo que era claramente un estado alterado de percepción, y los Hombres de

Negro invadían y se inmiscuían en su intimidad y su sueño. Para quienes duden de que Bender fuera propenso a caer en un estado mental y de conciencia extraño, consideren las propias palabras del hombre: "A menudo parecía que me dejaba llevar como si una nube me transportara a las profundidades tenebrosas e ilimitadas del espacio".

Muchos de los síntomas que afectaban a Bender pueden explicarse como algo mucho más realista que los Hombres de Negro: la epilepsia, una enfermedad que provoca convulsiones y es el resultado de una actividad neuronal sincrónica anormal o excesiva en el cerebro. La epilepsia tiene la particularidad de que existen no menos de 40 tipos diferentes de esta enfermedad, con síntomas y formas de tratamiento distintos. Quizá sea relevante para la saga de Bender el fenómeno de las "crisis parciales únicas" -también conocidas como epilepsia jacksoniana-, que pueden provocar alucinaciones leves o moderadas, confusión y miedo, aturdimiento, pero no pérdida total del conocimiento, y fuertes olores imaginarios en las inmediaciones. Algunos de los afectados por este tipo de convulsiones han informado de olores parecidos al caucho quemado y al azufre, exactamente lo mismo que informó Albert Bender.

. . .

Esta última condición se conoce como fantosmia, y se define como la presencia de un olor que no tiene un punto de origen real y externo. Los efectos de las convulsiones también pueden implicar la sensación de abandonar el propio cuerpo físico, lo que puede no ser tan diferente de las repetidas experiencias de Albert Bender de viajar a las profundidades tintadas e ilimitadas del espacio, como él lo expresaba imaginariamente.

El hecho de que las migrañas afectaran gravemente a Bender puede ser también un factor importante en su historia: Aproximadamente el 15% de los epilépticos padecen migrañas.

Y entre los efectos secundarios más curiosos de las migrañas se encuentran: la percepción de luces flotantes en la visión inmediata, olores extraños y fuertes, y distorsiones en el tamaño y la forma de los objetos. Sobre este último punto, recordemos que, en uno de sus encuentros más significativos en el ático, además de sentirse abrumado por un olor a azufre, Bender vio en la habitación un "objeto grande de contorno indefinible", lo que suena muy parecido a una distorsión de la percepción inducida por la migraña.

. . .

¿Pero qué hay de la curiosa actividad poltergeist que Bender reportó? Seguramente eso no puede estar relacionado con algo tan mundano como la epilepsia, ¿verdad? Tal vez sí: En 1958, un parapsicólogo llamado William Roll introdujo el término psicokinesis espontánea recurrente, o RSPK. Roll llegó a creer que las descargas neuronales repetidas que daban lugar a síntomas epilépticos podían provocar RSPK, lo que a su vez podía llevar al paciente a generar inadvertidamente actividad poltergeist en su entorno inmediato. Roll, comentando sus controvertidas investigaciones y teorías, dijo que había examinado los casos de 92 individuos con sospecha de RSPK, de los cuales más de 20 tenían síntomas que parecían sugerir fuertemente la epilepsia.

Si los fuertes olores a azufre, la actividad poltergeist, las vívidas alucinaciones, los sentimientos de temor y confusión, la sensación de separación corporal, los mareos y el aturdimiento que experimentó Bender fueron provocados por alguna enfermedad cerebral no diagnosticada, ¿cómo se explica entonces la historia de su supuesto viaje a la Antártida? Si no se trata simplemente de una invención, una historia tan enrevesada e intrincada requeriría claramente que alguien alucinara de una manera mucho más allá de lo que cabría esperar en alguien con epilepsia u otro trastorno. Sin embargo, algunas facetas de este aspecto de la historia de Bender podrían haber surgido de su propio subconsciente, de gran complejidad. De hecho, hay muy buenas razones para creer que es precisamente de ahí de donde se generaron.

Bender, un personaje solitario en el mejor de los casos, nunca mencionó a ninguna novia a mediados o finales de los años cuarenta, ni siquiera a principios de los cincuenta, cuando ya casi había dejado atrás la veintena. Todas las idas al cine de Bridgeport que Bender describe -incluso los despreocupados sábados por la noche, cuando seguramente debería haberse soltado la melena con una o dos chicas-las hacía solo. Bender se refirió, en una ocasión, a la celebración de una fiesta en el ático para un grupo de amigos del trabajo, y afirmó que cuando vieron su habitación temática de terror, "las chicas de la fiesta parecían estar bastante conmocionadas... y no se alejaron mucho de sus acompañantes".

. . .

Quizás podamos deducir mucho del hecho de que en ninguna parte de esta historia Bender hace referencia alguna a su acompañante. Para un hombre de unos 20 años, y rozando los 30 en el momento en que se sumergió seriamente en el mundo de los ovnis, no haber tenido novia, o esposa, podría parecer extraño. Ciertamente, no habría sido una situación saludable para Bender, ni física ni mentalmente, estar sentado solo en un oscuro ático las noches entre semana y en un oscuro cine los fines de semana. Tal aislamiento puede causar estragos mentales y físicos en el bienestar de una persona. No sólo eso, sino que puede manifestarse en el subconsciente de formas sorprendentes y vívidas.

En las páginas de su libro de 1962, Los platillos volantes y los tres hombres, Bender reveló los detalles de un incidente ocurrido a finales de 1953 tras su decisión de cerrar la Oficina Internacional de Platillos Volantes. Como de costumbre, este encuentro comenzó con el olor a azufre y, he aquí, sus tres Hombres de Negro estaban una vez más rápidamente en la escena para transportar a Bender de vuelta a la Antártida. Esta vez, sin embargo, fue una experiencia muy diferente: Tres mujeres del espacio vestidas de blanco aparecieron y comenzaron a realizar tratamientos curativos. Las alienígenas aseguraron a Bender que todo era por su propio bien. De hecho, afirmaron que los misteriosos tratamientos "te harán la vida mejor". Hay una temida enfermedad en tu planeta que todas las personas temen, y no tendrás necesidad de temerla una vez que hayas recibido este tratamiento".

La lógica sugiere que la temida enfermedad que todas las personas temen es, casi con toda seguridad, el cáncer. Y, recuerde que Bender tenía, mucho antes incluso de que comenzaran sus experiencias con ovnis, un miedo totalmente irracional a desarrollar cáncer, que encajaba fácilmente con la mentalidad ilógica del hipocondríaco clásico.

Lo que todo esto nos dice sobre Bender es que estaba muy solo, tenía terror a desarrollar un cáncer -convenientemente disminuido por la seguridad que le dieron los alienígenas de que ahora estaría libre de cáncer para siempre-y una larga ansiedad por haber sido visitado por agentes del FBI ataviados con fedoras negras o homburgs. Esas preocupaciones internas chocaron de forma caótica, salieron del subconsciente de Bender y cayeron en el corazón de un estado semidespierto y alterado, fruto de una afección cerebral no diagnosticada; de ahí los olores sulfurosos, las extrañas sensaciones extracorpóreas y los desmayos que acompañaron partes integrales de la historia. Recordemos también que Bender tenía un primo que, años antes, había sido supuestamente visitado por una Mujer de Negro. No podemos descartar la posibilidad de que Bender (que conocía bien la historia) añadiera inconscientemente aspectos de ese suceso al suyo propio. Y así, como resultado de esta curiosa, y posiblemente incluso única, cadena de acontecimientos nacieron los Hombres de Negro.

Greg Bishop también sugiere que las experiencias de Bender pueden haber sido enteramente de su propia creación, aunque ciertamente no desde una perspectiva deliberadamente engañosa o fraudulenta:

Creo que como Bender estaba tan involucrado en el ocultismo, tal vez esto jugó en su subconsciente y tuvo la experiencia en una especie de hipnagógico, estado de sueño despierto. Para mí, eso tiene más sentido que entidades que realmente entraron en su habitación. Creo que la interacción entre nuestras mentes y el fenómeno OVNI es mucho más importante de lo que la gente cree... Bender puede haber tenido algún tipo de experiencia real, pero se volvió propenso a la fantasía hasta el punto del delirio. Es más como un personaje de Walter Mitty en el que el mundo gira a su alrededor y es emocionante.

. . .

La teoría de Bishop de que algunas de las experiencias de Bender pudieron ser hipnagógicas es significativa. Hipnagogia es un término que describe la fase entre la vigilia y el sueño, una fase del proceso del sueño que puede estar dominada por una amplia variedad de experiencias sensoriales.

Por ejemplo, las personas en estado hipnagógico han declarado oír voces que van desde susurros apenas audibles hasta gritos salvajes. Otros han oído fragmentos aleatorios del habla -en su mayoría sin sentido, pero a veces con nombres ficticios e inusuales-y algunos han visto cabezas sin cuerpo o lo que parecen ser entidades completamente formadas en su dormitorio. Todo esto tipificaba las experiencias de Bender.

Las personas que experimentan hipnagogia también suelen oír zumbidos, rugidos, silbidos y zumbidos.

Por último, ya sea debido a la hipnagogia, la epilepsia o alguna otra afección, todas las pruebas apuntan a que los encuentros de Bender son definitivamente caseros. Si se necesitaran más pruebas para reforzar esta teoría, las tenemos. A principios de 1954, Bender conoció a

Betty, la mujer de sus sueños, y ambos se casaron el 18 de octubre de ese año. Nadie debería sorprenderse al saber que a partir de entonces las mujeres de las estrellas se despidieron de Bender, al igual que los Hombres de Negro.

La declaración más significativa sobre este asunto procede de Gray Barker, quien, en 1980, dijo de Bender al investigador y escritor Jerome Clark, mucho después de que la historia de Bender hubiera pasado a formar parte de la historia de los ovnis: "Si yo hubiera estado allí en su habitación mientras él estaba en la 'Antártida' quizás le habría visto tumbado en su cama en trance".

10

Tulpas y vampiros

"Los Hombres de Negro tienden a parecer mal informados", sugiere Chris O'Brien. "Es como si se manifestaran para una tarea concreta y supieran lo que tienen que hacer y lo que tienen que decir, pero existen en un marco sin contexto. En otras palabras, son casi como seres manifestados, o entidades fabricadas y temporales que no parecen tener ningún tipo de profundidad."

Y continúa: "La pregunta de los 64.000.000 de dólares es: ¿Quién está detrás de esto? Los Hombres de Negro pueden ser una especie de manifestación colectiva. Creo que puede haber algún tipo de relación simbiótica entre el fenómeno y las expectativas de la gente sobre cómo va a aparecer. Y también son muy clichés, lo que tiende a apoyar la idea de que nosotros, o algo, estamos manifestando estas entidades.

Es casi como si fueran Tulpas".

¿Y qué son las tulpas? Para responder a esta compleja pregunta, primero debemos centrar nuestra atención en una tal Alexandra David-Neel. Nacida como Louise Eugenie Alexandrine Marie David en Francia el 24 de octubre de 1868, David-Neel fue la primera mujer a la que se concedió el prestigioso título de lama en Tíbet. A lo largo de su siglo de vida, David-Neel -anarquista y budista-viajó por Asia, sintió un profundo amor por el Himalaya y, en 1932, escribió un fascinante libro sobre sus numerosas y variadas aventuras titulado Magia y misterio en el Tíbet. Gracias a David-Neel, el fenómeno de la Tulpa ha llegado a conocerse y apreciarse fuera de las enseñanzas y la cultura tibetanas.

La palabra Tulpa se remonta directamente a la lengua tibetana y se refiere específicamente a una entidad, o un ser, que alcanza algún tipo de realidad significativa después de haber sido conjurado únicamente a partir de la imaginación del prestidigitador. El proceso de creación es complejo y requiere una inmensa habilidad y dedicación, pero aquellos que han sido cuidadosamente entrenados en el antiguo arte del Tulpa pueden sacar las imágenes de los confines de su mente y llevarlas al mundo físico.

David-Neel, según parece, estaba fascinada y obsesionada por el atractivo, el misterio y el potencial de la Tulpa, hasta el punto de que decidió intentar crear una para sí misma.

En el caso de David-Neel, optó por visualizar la imagen de un monje genial y con sobrepeso, algo parecido al personaje de Fray Tuck en las películas de Robin Hood de Hollywood.

El proceso de intentar crear la imagen del monje le llevó mucho tiempo y fue agotador, pero, al cabo de un tiempo, David-Neel pudo por fin ver a su etéreo monje no sólo en su mente, sino también en el mundo real. En otras palabras, estaba naciendo una nueva forma de vida espectral.

. . .

Con el tiempo, la visión del monje creció en claridad y sustancia hasta que fue completamente indistinguible de la realidad física, como dijo David-Neel: "Se convirtió en una especie de huésped, que vivía en mi apartamento. Entonces rompí mi reclusión y emprendí una gira, con mis sirvientes y tiendas de campaña. El monje se incluyó en el grupo.

Aunque yo vivía al aire libre recorriendo a caballo kilómetros cada día, la ilusión persistía. No era necesario que pensara en él para hacerlo aparecer. El fantasma realizó varias acciones del tipo que son naturales para los viajeros y que yo no había ordenado. Por ejemplo, caminaba, se detenía, miraba a su alrededor. La ilusión era sobre todo visual, pero a veces sentía como si una bata me rozara ligeramente, y una vez una mano pareció tocarme el hombro".

Pero, más o menos como adolescentes rebeldes cansados de que mamá y papá les digan lo que tienen que hacer y lo que no, por fin llegó el día en que el monje fabricado se escapó del control consciente de David-Neel. Peor aún: su carácter genial empezó a transformarse tanto en su actitud como en su aspecto. David-Neel se adentraba ahora en un territorio verdaderamente peligroso y, para ella, desconocido hasta entonces. En sus propias palabras: "El tipo gordo y regordete se volvió más delgado, su rostro adoptó un aspecto vagamente burlón, socarrón y maligno. Se volvió más problemático y audaz. En resumen, escapó a mi control".

En esta coyuntura crucial, David-Neel llegó a la conclusión de que las cosas habían ido demasiado lejos, y empezó a aplicar diversas técnicas antiguas del lamaísmo para intentar reabsorber a la criatura, ahora malévola, en las profundidades de su propia mente. Como era de esperar, la Tulpa no estaba dispuesta a enfrentarse a su aniquilación personal.

Afortunadamente, David-Neel lo consiguió tras un horrible periodo de más de seis meses, durante el cual el mindmonk se volvió cada vez más despiadado, rencoroso y lleno de odio hacia su creadora, mientras luchaba -finalmente en vano-por evitar que David-Neel acabara con su "vida".

. . .

¿Cómo puede una criatura de la imaginación liberarse de sus ataduras mentales, en lugar de aparecer sólo cuando el creador lo desea?

Los ocultistas tibetanos le dijeron a David-Neel que un Tulpa empieza a actuar de forma independiente cuando está dotado de la vitalidad y la energía suficientes para adquirir cierta apariencia de realidad física. Además, le informaron de que se trata de una parte casi inevitable del proceso global y que no se diferencia en absoluto del proceso natural de parto que se produce entre madre e hijo. Los magos tibetanos también habían informado a David-Neel de casos de Tulpas que habían sido enviados para cumplir misiones o tareas específicas, pero que posteriormente no lo hicieron y, en su lugar, empezaron a seguir sus propias agendas peligrosamente maliciosas. Si el creador del Tulpa fallece antes de que se complete el proceso de deconstrucción, se advirtió a David-Neel, éste hará todo lo posible por aferrarse a su vida. Y si no se le pone freno, tiene muchas posibilidades de prosperar.

Alexandra David-Neel, sin embargo, no fue la única persona de importancia que trajo -sin pensárselo dos veces y sin ninguna previsión significativa, podría decirse-Tulpas a nuestro mundo desde las profundidades de su mente.

. . .

Nacido en 1873, Franek Kluski, cuyo verdadero nombre era Teofil Modrzejewski, tenía un largo historial de experiencias paranormales que comenzaron en su infancia. Recordaba, por ejemplo, haber visto a parientes muertos, mascotas fallecidas hacía mucho tiempo y otros animales fantasmas.

Pero no fue hasta 1918, después de una sesión de espiritismo, cuando se reconoció finalmente el potencial mediúmnico de Kluski y comenzó una serie de sesiones realmente alucinantes.

De hecho, la reputación de Kluski era tal que muy pronto el número de asistentes a sus sesiones se contaba por centenares e incluía a multitud de personas de todas las clases sociales.

Lo más intrigante fueron las materializaciones que se produjeron durante las sesiones de Kluski. Entre ellas había un perro enorme, un pájaro espectral, un gato gigante que parecía un león y una criatura de gran tamaño parecida a un simio (muchas de las cuales son paralelas a las entidades no identificadas vistas en los bosques de Cannock Chase, en Inglaterra, a las que se hace referencia en la Introducción).

Según el doctor Gustave Geley, que participó en las sesiones de Kluski en el Instituto Metapsíquico Internacional de París, "todos estos fantasmas dan la impresión de estar vivos". Cabe destacar que estas criaturas cuasi reales también se materializaban delante de Kluski en su propia morada en ocasiones en las que no estaba realizando sus sesiones de espiritismo.

En otras palabras, el gato gigante, el perro fantasma y la bestia-mono espectral acabaron adquiriendo existencias independientes, al igual que el monje regordete de Alexandra David-Neel.

Pero, ¿cómo prosperan en nuestro propio entorno las entidades que se manifestaron antes de Franek Kluski y el monje maníaco que creó Alexandra David-Kneel? La respuesta es doble, y es tan aterradora como sencilla: El mero hecho de que creamos en la Tulpa ayuda a su capacidad para mantener un punto de apoyo significativo en nuestra realidad. Y, mientras nosotros nos alimentamos de animales, frutas y verduras, ellos se alimentan de estados elevados de emoción humana. ¿Cómo consiguen esa capacidad de alimentarse? Se esfuerzan deliberadamente por provocar estados emocionales.

¿Podría ser que el terror personal de Albert Bender sobre los Hombres de Negro y la habilidad de Gray Barker para retratar vívidamente sus acciones condujeran a una creencia tan fuerte en (y aceptación de) los MIB que salieran de las mentes de Bender y Barker y entraran en el mundo real, en forma de Tulpas? Para responder a esta pregunta, analicemos detenidamente lo que sabemos sobre los Hombres de Negro.

El Tulpa prospera en altos estados de emoción.

En el caso de los Hombres de Negro, ese alto estado de emoción sería puro miedo. Esto, se podría argumentar, explicaría tal vez por qué los MIB son siempre cuidadosos para asegurarse de que infunden terror en los testigos de la actividad OVNI, incluso cuando el caso en sí puede no ser de alto grado de significación o importancia. En otras palabras, es la respuesta de miedo del testigo -más que las complejidades del encuentro OVNI en sí-lo que es de vital importancia para los Hombres de Negro. Es esto, más que cualquier otra cosa, lo que dicta sus acciones y sostiene su existencia en nuestro mundo.

Timothy Green Beckley hace una valiosa observación sobre este asunto: "Lo extraño de los Hombres de Negro es que a veces se interesan por los casos más mundanos en los que, si no fuera por la presencia de los Hombres de Negro, nadie se preocuparía por los avistamientos en sí. Así que es extraño: llaman la atención sobre sí mismos asustando y silenciando a personas cuyos avistamientos no tienen nada de especial.

A veces parece que eligen testigos al azar".

Tal vez esa aleatoriedad no sea tan aleatoria, después de todo. Tal vez los MIB se mueven por lo único que nos define: la necesidad de autoconservación.

Tal vez, cuando las acciones de los Hombres de Negro son menos ampliamente reportados dentro de las publicaciones OVNI y los principales medios de comunicación, la creencia en su existencia y la respuesta emocional concomitante a su presencia comienzan a disminuir. Y a medida que esa creencia disminuye hasta el punto en que se les considera poco más que bulos, mitos y leyendas, su poder y presencia en nuestro entorno también disminuyen. Así, se convierten en poco más que espectros sin verdadera forma ni identidad.

Esto también podría explicar por qué, en ocasiones, los Hombres de Negro apenas parecen conscientes de sí mismos y se comportan de formas tan extrañas. Tal vez, a medida que sus vidas empiezan a fragmentarse y desintegrarse a su alrededor, empiezan literalmente a perder la cabeza.

Quizá por eso la actividad de los Hombres de Negro parece producirse en ciclos y oleadas, como en Point Pleasant, Virginia Occidental, en los años sesenta: Los MIB buscan activamente testigos de OVNIs para asegurarse una fuerte alimentación emocional. Y a medida que los MIB se alimentan de las emociones de los testigos, se amplía su capacidad para operar y ser vistos en nuestro mundo en plena forma física.

. . .

Inevitablemente, esta oportunidad añadida para coexistir con nosotros físicamente, y durante un período de tiempo más largo, significa una mayor probabilidad de ser visto por otros, que luego también son víctimas de sus visitas. De este modo, los MIB adquieren aún más fuerza emocional.

Así se crea un ciclo en el que un avistamiento de MIB lleva a otro, y la creencia en su existencia se refuerza a través de los medios de comunicación y el boca a boca. Los Hombres de Negro se afianzan cada vez más en nuestro mundo a medida que se exacerban las emociones, aumentan los avistamientos y crece el suministro de alimentos energéticos de los MIB.

Pero, de repente, desaparecen tan enigmáticamente como aparecieron.

¿Por qué? La respuesta puede ser muy sencilla: Ahora están completamente saciados. Y al igual que un animal salvaje, sólo buscarán nuevas presas cuando el hambre y la necesidad imperiosa de garantizar la continuidad de su curiosa forma de vida empiecen a dominarles de nuevo. Puede que a veces el proceso de reabastecimiento no funcione, como en el caso del Dr. Herbert Hopkins en 1976, cuando la energía de su Hombre de Negro cayó en picado hasta los niveles que cabría esperar de un diabético que necesita una dosis urgente de azúcar. Quizás el visitante de Hopkins, incapaz de succionar la emoción de Hopkins por razones que escapan a nuestra comprensión, se adentró en la oscura noche para burlarse y alimentarse de otro desafortunado jugador en el mundo de los ovnis.

De la visita del Dr. Hopkins se desprende otra información interesante: Fue precisamente su invitación lo que llevó al Hombre de Negro a oscurecer su puerta y entrar en la casa familiar. Esto me recuerda el viejo folclore que dice que el legendario vampiro sólo puede entrar en la casa de uno cuando recibe permiso para hacerlo. Los vampiros de siglos pasados también eran formas de vida depredadoras que se alimentaban de la humanidad, aunque en forma de sangre.

Recordemos también que, en Inglaterra, en el año 2000, la Mujer de Negro de Colin Perks permaneció en silencio en la puerta de su casa, esperando expresamente permiso para entrar en ella.

. . .

Tengo que preguntarme, por lo tanto: ¿Podrían algunas de esas viejas leyendas de seres chupasangre que se alimentan de nosotros haber sido en realidad distorsiones de encuentros de la vida real con personajes proto-MIB en siglos pasados, cuya única misión era asegurarse el alimento vital de nosotros? Después de todo, ¿hay realmente mucha diferencia entre un vampiro de capa negra y rostro pálido que ansía nuestra sangre, y un Hombre de Negro vestido de negro y blanco vorazmente hambriento de nuestras emociones? Yo diría que no. Tal vez, por lo tanto, Albert Bender sólo dio a luz a los modernos Hombres de Negro al estilo Tulpa. Tal vez, en siglos pasados, hubo muchos otros como Bender que también abrieron inadvertidamente -o tal vez deliberadamente-las puertas de su subconsciente y desataron imágenes similares en el mundo real.

Para que no piensen que soy el único que ha sugerido una teoría semejante con respecto a los Hombres de Negro, consideren las palabras de Allen Greenfield: "Lo que más interesaba a Keel, Barker y otros es que los Hombres de Negro no parecían seres humanos. Parece como si tuvieran que hacer un esfuerzo para parecer humanos. Es como si intentaran proyectar su existencia de un momento a otro, y tuvieran muchos problemas para hacerlo". Y continúa: "En algunos casos, la gente tiene la sensación de que los Hombres de Negro han succionado la energía del aire, por lo que se producen comparaciones con vampiros -psi-vampiros-. Sean lo que sean, parecen extraer su energía del entorno que les rodea".

Siguiendo en esta línea de pensamiento, Greenfield dice: Tal vez los Hombres de Negro son generados por el miedo.

Tengo la corazonada de que el miedo puede ser un factor importante en la generación de una buena parte del fenómeno de los ovnis en general. Aunque parece que hay algo de inteligencia aparte que también está implicada. No creo que todo sea generado, pura y simplemente, por los testigos.

Me parece que hay una especie de... pánico que es el ingrediente que produce, o predice, la manifestación de la llegada de los seres que inducen el miedo. Y eso abarcaría desde los Hombres de Negro y sus amenazas hasta el fenómeno de las abducciones extraterrestres.

Las palabras de Greenfield son igualmente relevantes para las historias de Albert Bender que contenían fuertes temas tanto de terror como de erotismo de chica espacial.

Greenfield ofrece lo siguiente con respecto a las operaciones de los Hombres de Negro, que también se hace eco de mis pensamientos sobre el enigma en relación con la idea de Tulpas: "Parece que toda la experiencia provoca miedo al testigo, y me pregunto si generar miedo es todo el objetivo de la experiencia. Si cualquiera que sea la fuente de esto obtiene su energía de absorber literalmente el miedo humano, entonces cuanto más fuerte sea la emoción, más fuerte será el miedo. Yo diría que es casi seguro que cuando los Hombres de Negro le dicen a la gente que no hable de ovnis, no lo hacen para silenciarla."

Entonces, ¿cuál es la razón? Las teorías de Greenfield coinciden con la idea de que los MIB pueden ser Tulpas: "Se hace para asustarles y llevarles a un estado de gran emoción. La amenaza es una artimaña para crear este torrente de miedo y energía. E, irónicamente, ocurre lo contrario con las amenazas de los Hombres de Negro. A la gente se le dice que no hable de lo que ha visto, pero eso en realidad les hace gritar y correr a la policía, a su sacerdote, o a los grupos OVNI. Así pues, la respuesta del testigo suele ser exactamente la contraria de lo que supuestamente intentan conseguir los Hombres de Negro."

Las últimas palabras de Greenfield sobre este asunto son memorables. De hecho, son francamente petrificantes: "En algunos casos, es como si fuéramos una fuente de alimento; pueden estar cogiendo miedo y, en términos simplistas, comiéndoselo".

Colin Bennett también ha señalado que los Hombres de Negro parecen tener vidas muy diferentes de las nuestras: "Me parece bastante obvio que los MIB son manifestaciones liminales tanto como lo es Bigfoot. Al igual que el propio OVNI, los MIB y Bigfoot se parecen más a breves clips mediáticos que a otra cosa. Podemos suponer fácilmente que cualquier forma alienígena bien podría haber evolucionado hasta convertirse en puro medio, dejando tras de sí rastros mecánicos quizá hace millones de años. Con criptidos animales tan grandes como los reportados, no hay franjas de comida, no hay señales de anidación o cría, no hay excrementos, [no hay] señales de peleas tribales, y -lo más importante de todo- no hay restos óseos tras la muerte, lesión fatal o enfermedad."

. . .

"El Hombre de Negro", continúa Bennett, "difiere por supuesto de, digamos, Bigfoot, en que el Hombre de Negro adopta una forma humanoide [y] tiene un lenguaje limitado, y una presencia igualmente limitada. Pero, al igual que Pie Grande, nuestro Hombre de Negro carece de trasfondo social.

Cada uno de estos crípticos animales y humanoides parece ser una simulación limitada que posee una vida media muy corta, más bien como una colección de montajes cinematográficos desechados. Tenemos, por tanto, un programa detectable en funcionamiento cuyas limitaciones son funciones de su propia resolución psicosocial y dialéctica. Los montajes son la clave del programa".

Bennett se centra en su propio encuentro con el Hombre de Negro en Londres a principios de los años ochenta: "Las rápidas salidas y entradas del MIB son una buena defensa, por supuesto. En mi caso, nuestro visitante se aseguró de que yo no tuviera tiempo de formular cierto tipo de preguntas cuyas respuestas pudieran revelar la ausencia de una biocomplejidad humana verdadera y viva. Creo que me estaba leyendo mientras mis preguntas se formaban en mi cabeza, y salió rápido". También señala: "Tenemos que concluir, por tanto, que nuestro Hombre de Negro, superespecializado, excesivamente serio, predecible y extremadamente limitado, sólo es capaz de producir simulacros muy simples durante muy poco tiempo."

Para terminar con este tema en particular, vale la pena señalar que en una carta a John Keel, Gray Barker escribió: "Hay un método que he utilizado que me ha mantenido relativamente indemne al síndrome MIB .... Si el lector alguna vez se ve confrontado por una de estas extrañas personas... no responda con miedo.

Lo más importante, ¡haga algún tipo de broma! Si desconciertas su programación, sufrirán un 'cortocircuito', por así decirlo, y probablemente huirán gritando hacia la noche o se desvanecerán como lo haría una película".

Colin Bennett dice de las palabras de Barker: "Suena aquí como si el propio Barker hubiera tenido un contacto con los MIB y hubiera creado un medio de exorcizar tales cosas".

También suena mucho a que Barker era muy consciente de las razones por las que los Hombres de Negro dependían tanto del miedo y por qué era tan importante para el testigo no proporcionarles el alimento que han ansiado fríamente durante tanto tiempo. Quizá Barker se llevó a la tumba profundas sospechas sobre los orígenes del MIB que, casi 30 años después de su temprano fallecimiento, nunca sabremos.

11

Investigadores civiles

Ciertamente, no todos los Hombres de Negro pueden considerarse Tulpas o Embaucadores. Las pruebas sugieren que el fenómeno en general puede tener orígenes múltiples y muy diversos. Centrémonos ahora en uno de los ángulos más obvios; a saber, que ciertos casos no se deben más que a una identificación errónea. Aunque personalmente no creo que esto pueda explicar satisfactoriamente todos los casos de MIB actualmente registrados - o incluso un gran número de ellos - puede muy bien ofrecer respuestas a algunos incidentes que han adquirido un cierto grado de estatus legendario. Hablando de este aspecto del rompecabezas del MIB, Jim Moseley dice: "Una cosa que hay que saber es el NICAP".

. . .

NICAP, el Comité Nacional de Investigaciones sobre Fenómenos Aéreos, fue la creación de un físico algo inconformista llamado Thomas Townsend Brown, y se estableció en 1956, el mismo año que vio la publicación de Gray Barker's They Knew Too Much About Flying Saucers. En su mayor parte, los miembros del grupo eran firmes defensores de la teoría de que los ovnis tienen origen extraterrestre. El NICAP era conocido por utilizar la ciencia y el pensamiento claro con respecto a las investigaciones OVNI, y fue sin duda el organismo público de investigación OVNI más respetado en los Estados Unidos desde sus inicios hasta mediados de la década de 1960. Al menos parte de ese respeto se debía a la prestigiosa junta de gobernadores del NICAP, que incluía al vicealmirante Roscoe H. Hillenkoetter, que fue el primer jefe de la CIA, y al contralmirante Delmer S. Fahrney, jefe del proyecto de misiles guiados de la Armada estadounidense.

Sin embargo, hay quienes creen que algunos investigadores del NICAP se extralimitaron considerablemente en varias ocasiones al entrevistar a testigos de ovnis. El resultado fue que bien pudieron parecer auténticos Hombres de Negro. Moseley, por ejemplo, está completamente seguro de que una situación así se produjo en el apogeo de los días del NICAP: "Un nombre como ése -Comité Nacional de Investigaciones sobre Fenómenos Aéreos- ¿no te suena a grupo oficial del gobierno? No eran oficiales, por supuesto; sólo eran investigadores de ovnis, como tú y como yo, en realidad.

Pero si eres un paleto de pueblo que ha visto un ovni, y tal vez se menciona en la prensa, y alguien viene a tu puerta y te enseña una tarjeta de identificación del NICAP y te dice "No quiero que hables de esto", podrías pensar que es el gobierno, o esos Hombres de Negro de los que habla la gente. Y algunos del NICAP dirían eso porque lo que todo grupo de platillos quiere es la exclusiva de la historia".

Brad Steiger se hace eco de la perspectiva de Jim Moseley: "Estoy bastante seguro de que en algunos casos -y de hecho acusé cara a cara a algunos de los responsables de esta organización- el NICAP fue responsable de algunas de las historias de los Hombres de Negro. Sé que algunos de sus adolescentes con cara de granos iban a las casas de la gente, llamaban al timbre y decían: 'Soy del NICAP, el Comité Nacional de Investigaciones sobre Fenómenos Aéreos de Washington, D.C.'". Steiger continúa: "No habría que ir demasiado lejos cuando la gente oye las palabras 'de Washington' y la persona enseña un pequeño carné de identidad, para pensar que te han visitado los Hombres de Negro. Y no hay campo de la investigación paranormal más celoso que el de los ovnis. Así que, si estos adolescentes con granos están pensando: 'Este es mi caso; este me pertenece', entonces podrían haber tomado -o confiscado- fotos y pruebas de los testigos y advertido a la gente: 'No hables con nadie más'. Creo que eso explica algunas de las historias de los Hombres de Negro".

El caso de los investigadores percibidos como Hombres de Negro también se da al otro lado del charco.

En 1958, un autor llamado Gavin Gibbons escribió una novela de ciencia ficción titulada "Por nave espacial a la Luna", cuyo tema era el aterrizaje de una nave extraterrestre en la cordillera de Berwyn, en el norte de Gales (Gran Bretaña). Algunos dirían que Gibbons fue un auténtico profeta: En la noche del 23 de enero de 1974, se produjo un suceso en los Berwyns que ha llegado a ser conocido dentro de la comunidad de investigadores de ovnis como el Roswell británico. Confundió a los lugareños y provocó una cascada de rumores e historias en el sentido de que una nave extraterrestre se había estrellado en las montañas. Otros rumores sugirieron que se había puesto en marcha una operación militar secreta para recuperar el OVNI y su tripulación sobrenatural, y luego trasladar los restos a establecimientos gubernamentales seguros para su estudio. Desde aquella fatídica noche, la cuestión de lo que ocurrió o no en las montañas Berwyn ha sido objeto de varios libros, intensas controversias, acalorados debates y, en ocasiones, furia. Sin embargo, no cabe duda de que algo ocurrió en torno a las 20.30 horas de la noche en cuestión.

Las historias de extrañas luces en el cielo, explosiones en los Berwyns, carreteras de montaña acordonadas y conspiraciones gubernamentales para ocultar la oscura verdad extraterrestre abundan, y lo han hecho durante décadas. Sin embargo, el investigador Andy Roberts adopta un enfoque más realista.

Cree que la hipótesis del accidente ovni no fue más que la percepción errónea de una lluvia de meteoritos y un temblor de tierra localizado, cazadores furtivos trabajando en la oscura ladera de la montaña armados con potentes lámparas, y la paranoia y el rumor desbocados. Otros creen que un avión militar que transportaba material de alto secreto se estrelló en la cordillera de Berwyn. Pero sea cual fuere la verdad de aquel extraño suceso de enero de 1974, también dio origen a una leyenda del MIB.

En el curso de su intensa investigación sobre el caso, Roberts se enteró de que, en el punto álgido de la controversia, corrían sensacionales rumores a nivel local. Eran rumores -difundidos en voz baja- de misteriosos funcionarios que descendían al lugar para investigar la curiosa serie de sucesos. Una persona, Val Walls, dijo a Roberts: "Había gente alojada en el pub local que no molestó a nadie. Había dos tipos alojados allí, pero nunca entraron en el pub. Dormían allí. No se comunicaban con nadie; eran muy reservados".

Roberts señala con razón que estos extraños han sido elevados en la leyenda OVNI de Berwyn Mountain a la categoría de funcionarios del gobierno que recopilan información sobre el accidente OVNI, o -peor aún- Hombres de Negro enviados para silenciar a los testigos. Pero, ¿es cierta alguna de estas hipótesis? No; probablemente no. Roberts cree que tiene la respuesta al MIB de los Berwyns.

. . .

Después de haber revisado la documentación oficial disponible sobre el incidente, cree que los Hombres de Negro eran, en realidad, personal del Instituto de Servicios Geológicos que estaban en el lugar investigando el ángulo del terremoto del enigma, y que, según los registros, de hecho se alojaron en albergues locales durante el curso de su breve estancia. A veces, una lluvia de meteoritos es sólo una lluvia de meteoritos, un temblor de tierra es sólo un temblor de tierra, y un misterioso grupo de MIB se demuestra que no son nada de eso.

He aquí un ejemplo más reciente y totalmente inocente de cómo la identidad errónea y la mala interpretación han desempeñado papeles centrales en la generación y alimentación de ciertas historias de los Hombres de Negro. El caso en cuestión es el de un investigador de todo lo extraño de Asheville, Carolina del Norte, y autor del aclamado libro Magic, Mystery and the Molecule (Magia, misterio y la molécula): Micah Hanks. Su historia invita a la reflexión: "En mis primeros días de investigación, me confundieron con un Hombre de Negro. De verdad. Hace casi una década, investigué una famosa aparición aquí en Asheville que se conoció como la Dama Rosa. Se trataba de un fantasma femenino visto en la ciudad, en el Grove Park Inn". Según cuenta la leyenda, en 1920 -siete años después de que se abriera la posada- una huésped cayó, o fue empujada deliberadamente, hacia la muerte desde una habitación en la que se alojó la leyenda literaria F. Scott Fitzgerald durante una visita a Asheville en la década de 1930.

Hoy, muchos creen que su forma espectral, bañada en un inquietante humo rosa (de ahí el nombre), ronda las habitaciones y los pasillos de la antigua posada.

"Hace años", continuó Hanks, "cuando iba al Grove Park Inn, como es un establecimiento de tan alta sociedad, siempre pensaba que era apropiado vestir un poco más elegante, con un traje negro. Y de vez en cuando me llevaba un detector de campos electromagnéticos, o un contador Geiger, y trataba de sacarlos discretamente cuando no había nadie alrededor, para ver si se registraba algo, me refiero a la Pink Lady".

Entonces ocurrió algo insólito: En Asheville empezaron a surgir rumores e informes sobre un extraño personaje vestido de negro que deambulaba por los pasillos del Grove Park Inn, haciendo preguntas inusuales y mostrando una serie de dispositivos de aspecto extraño. ¿Quién era este misterioso visitante? ¿Había en la posada un Hombre de Negro y una Dama de Rosa? Bueno, no del todo, como revela ahora Micah Hanks: Cuando oí estas historias sobre el Hombre de Negro de otras personas que habían investigado la aparición de fantasmas en el Grove Park Inn, empecé a pensar: "Esto me suena muy familiar, y es como lo que yo estaba haciendo. Pero entonces me di cuenta de que esas historias eran sobre mí".

Hanks subraya que nunca hubo intención por su parte de crear deliberadamente la mitología del MIB en el Grove Park Inn, pero admite de buen grado: "Supongo que cuando uno viste un traje negro y lleva artilugios, y hace preguntas sobre lo paranormal, las connotaciones se van a hacer. Así que creo que es una parte del misterio del MIB, pero no una parte importante".

Otra historia procede de Jenny Randles, investigadora y autora del fenómeno OVNI desde hace mucho tiempo y residente en las Islas Británicas. En enero de 1997, cuando, un tanto irónicamente, acababa de terminar de escribir su propio libro sobre los Hombres de Negro, Randles hizo una visita a su banco en la ciudad de Buxton, donde vivía entonces. Al salir del banco, Randles se sobresaltó al ver un viejo Jaguar oscuro con matrícula de 1962. Un hombre trajeado y elegantemente vestido se encontraba junto al vehículo, y tenía los ojos firmemente clavados en la asombrada autora de ovnis. El hecho de que Randles hubiera investigado personalmente varios casos de MIB británicos en los que los hombres misteriosos conducían Jaguars negros no hizo sino aumentar la tensión. ¿Estaba Randles a punto de ser silenciado por un Hombre de Negro con base en Gran Bretaña?

En absoluto. Decidió acercarse al hombre, y se enteró de que era simplemente un devoto de los coches de época.

En ocasiones, como se ha demostrado en este capítulo, un Hombre de Negro no es más que un inocente que resulta ir vestido de oscuro.

12

La infalibilidad de la MIB

Los relatos de MIB que hemos relatado hasta ahora en este libro son de antaño, pero tengan por seguro que los encuentros con MIB han continuado a lo largo de las décadas posteriores de 1980, 1990, 2000 y 2010. Uno de los más interesantes de estos encuentros más modernos ocurrió el 1 de diciembre de 1987, cuando un policía británico llamado Philip Spencer hizo gala de una tenaz determinación que logró poner a prueba la supuesta infalibilidad de los Hombres de Negro.

Spencer se había levantado temprano aquella mañana, paseando por una zona rural conocida como Ilkley Moor, cuando recibió el susto de su vida. Vio a lo lejos un ser extraterrestre, de piel verdosa, cabeza sobredimensionada y otros rasgos evidentemente alienígenas.

Mientras miraba fijamente a la entidad, ésta levantó una mano como si quisiera indicarle que se acercara.

En medio de este encuentro cargado de adrenalina, Spencer tuvo la presencia de ánimo de sacar su cámara y tomar una foto rápida del ser. Al parecer, el ente era tímido con la cámara, ya que en cuanto se disparó el flash, la criatura salió corriendo alrededor de un gran afloramiento rocoso y se perdió de vista. Spencer la persiguió y llegó a un claro justo a tiempo para ver cómo una nave del tipo de los platillos volantes se elevaba del suelo y despegaba hacia el horizonte a gran velocidad.

Spencer se puso entonces en contacto con investigadores locales de OVNIs y presentó sus pruebas de contacto extraterrestre, así que, por supuesto, ahora era sólo cuestión de tiempo que los MIB vinieran a visitarle. La primera visita que Spencer recibió de los Hombres de Negro tuvo lugar el 15 de enero de 1988. Como es habitual en los encuentros con los MIB en Inglaterra, los hombres afirmaron pertenecer al Ministerio de Defensa.

. . .

Entrevistaron a Spencer sobre su encuentro en el transcurso de la hora siguiente, y no tardaron en empezar a preguntarle por la fotografía que había tomado. También le pidieron que les entregara el negativo. Pero Spencer se negó, informando al MIB de que se lo había dejado a un amigo para que lo guardara. En realidad, estaba en manos del investigador de ovnis Peter Hough.

En este caso, si los MIB deseaban detener la proliferación de esta fotografía ahora infame, ya llegaban demasiado tarde. Tal vez los MIB y la red que intentan colocar sobre todos los avistamientos importantes de ovnis no sean tan infalibles como nos quieren hacer creer. Y, al parecer, incluso es posible que se filtren fotografías y filmaciones de ellos mismos a través de las brechas de su bloqueo.

En los últimos años, un par de MIB parecen haber sido captados en imágenes de vigilancia. El incidente ocurrió en 2012 en un hotel de las cataratas del Niágara (Canadá), después de que los empleados avistaran un gran ovni triangular. Era el pretexto perfecto para un encuentro con un MIB, y muy pronto dos misteriosos hombres, vestidos de pies a cabeza con el clásico atuendo de los Hombres de Negro, irrumpieron en la recepción y empezaron a formular agresivas preguntas al personal.

Como si se tratara de clientes furiosos recién llegados de otra dimensión, los dos MIB exigieron ver al director del hotel. A medida que el personal del hotel se iba percatando de los detalles de los "hombres" que tenían ante sí, su inquietud iba en aumento. Además de que los caballeros desprendían un aura de miedo e inquietud, su aspecto general era muy extraño. Ambos eran muy pálidos, sin pelo en absoluto en el cuerpo, ambos muy altos, y aparentemente tenían la misma estatura exacta. Sus rostros parecían gemelos, o tal vez clones.

Mientras el personal se apresuraba a ponerse en contacto con su director, los hombres empezaron a balbucear tonterías casi incoherentes sobre el gobierno y las conspiraciones OVNI, haciendo aún más extraña una situación decididamente extraña. El personal, inquieto, cuando no estaba sometido directamente al lunático interrogatorio de los hombres, hacía todo lo posible por apartar los ojos de la mirada pétrea del MIB. Según ellos, los hombres "ni siquiera pestañeaban" y parecía como si pudieran "mirar directamente al alma de uno".

De hecho, el personal tenía la desconcertante sensación de que aquellos hombres podían leerles el pensamiento. Una de las recepcionistas cuenta que intentaba activamente cambiar sus pensamientos mientras trataba con estos extraños visitantes, haciendo todo lo posible por "pensar en otra cosa" para que el MIB no supiera lo que pensaba. Imagínense a esta aterrorizada recepcionista sentada en un escritorio ante estos extraños hombres, tarareando nerviosamente y pasando por su mente las palabras: "¡Piensa en cosas felices! Piensa en cosas felices".

Sin duda es algo sacado de la Dimensión Desconocida, y probablemente todos estaríamos tentados de creer que nunca ocurrió. Pero cuando se trata de esta loca historia, ¡hay pruebas! Por alguna razón, los MIB se equivocaron y se dejaron grabar en vídeo.

Todo el extraño asunto ha quedado grabado para siempre en las cámaras de seguridad del hotel. Las imágenes del hotel se han colgado en Internet y se han hecho virales.

Afortunadamente, los MIB, sentados en sus Cadillacs de los años 50, todavía no han descubierto cómo eliminar contenidos de YouTube. Desde la publicación de estas extrañas imágenes, los teóricos de la conspiración de todo el mundo han especulado mucho sobre ellas. Si las personas que se encontraban en el vestíbulo del hotel eran micmbros de los infames Hombres de Negro, se les escapó una auténtica joya. De ser así, parece que, sean quienes sean los MIB, no son del todo infalibles después de todo.

Conclusión: ¿Quiénes son los MIB? ¿Y qué quieren?

¿Quiénes son exactamente los MIB y qué quieren de una humanidad desprevenida? Esta frase resume el objetivo final de décadas de investigación sobre los Hombres de Negro.

Pero estas dos preguntas fundamentales siguen en gran medida sin respuesta.

Gray Barker fue el primero en llamar la atención sobre este fenómeno en la década de 1950 con su libro *They Knew Too Much About Flying Saucers (Sabían demasiado sobre platillos volantes)*. Barker creía que aquellos hombres no eran más que agentes del gobierno empeñados en reprimir la verdad sobre los ovnis. Pero, como demostró este libro, importantes ramas del gobierno estadounidense, como la Fuerza Aérea, la CIA y el FBI, han indicado que no saben nada en absoluto sobre estos misteriosos individuos. Sus propios memorandos internos parecen corroborar estas negaciones.

La publicación de estos memorandos secretos años después de los hechos indica que el gobierno estadounidense estaba tan ansioso como cualquier otro por averiguar quiénes eran estos hombres.

Este afán se puso de manifiesto en el infame caso de Rex Heflin. Después de que Heflin indicara que le habían visitado impostores de la Fuerza Aérea, se dio una orden directa a todos los miembros de la USAF de que cualquiera que presenciara o incluso oyera mencionar esos extraños sucesos informara inmediatamente a la inteligencia de la Fuerza Aérea. Esto parece indicar claramente que gran parte del gobierno de EE.UU. no sabía quiénes eran los MIB.

Albert Bender fue uno de los primeros sujetos de la actividad de los MIB, y fue también quien planteó por primera vez la teoría de que estos seres no eran agentes de ningún gobierno terrestre, sino que en realidad eran seres extraterrestres de otro planeta. John Keel coincidió parcialmente con esta teoría en la década de 1960 tras sus episodios con el Mothman en Virginia Occidental. Pero creía que los seres no procedían tanto de otro planeta como de otra dimensión, razón por la cual acuñó el término "ultraterrestre" para referirse al fenómeno.

Otros han seguido ampliando la teoría de que los MIB vienen del más allá.

Se afirma que lo son todo, desde viajeros en el tiempo hasta una extraña manifestación de nuestra propia conciencia colectiva.

Un atributo común de estos MIB es el hecho de que siempre parecen ir un paso por delante de nosotros, especialmente cuando se trata de los objetivos de su acoso. Parecen conocer un número asombroso de detalles íntimos sobre las personas que eligen visitar, de hecho, ¡incluso sus propios pensamientos! Pero por mucho que ellos sepan de nosotros, nosotros no sabemos casi nada de ellos, y parece que los MIB, sean quienes sean, están muy contentos de que siga siendo así.

. . .

ARCHIVOS CLASIFICADOS (SÓLO PARA TUS OJOS)

Echemos ahora un rápido vistazo a algunos de los muchos recursos que han contribuido a hacer posible este libro sobre el MIB. Aquí encontrará una amplia variedad de datos sobre el fenómeno de los Hombres de Negro, que abarcan varias décadas. Si desea saber más sobre la compleja naturaleza del fenómeno de los Hombres de Negro, no dude en consultar también estas fuentes de información sobre el MIB.

Sabían demasiado sobre platillos volantes. Gray Barker

Se trata de un libro clásico que se remonta a los años cincuenta. Está ambientado tras la abrupta dimisión de Albert Bender de la IFSB. Gray Barker, periodista de investigación y pionero de los ovnis, elabora una interesante historia de misterio e intriga en la que trata de determinar quién está tratando de tapar la investigación sobre los ovnis.

. . .

Barker tuvo sus propios encontronazos con un MIB, y creía que el reciente cierre del equipo de investigación OVNI de su amigo Bender, el IFSB, también se debía a la presión de estas misteriosas figuras. Sin embargo, Barker siempre pensó que los MIB no eran más que agentes del gobierno, y así lo expresa en el libro.

Los platillos volantes y los tres hombres. Albert Bender

Este fue el libro que Albert Bender, el anterior jefe del silenciado grupo OVNI, el IFSB, escribió para arrojar por fin algo de luz sobre lo que le había ocurrido. Su historia describe los mismos agentes misteriosos que Gray Barker describió casi una década antes, pero Bender arroja una luz mucho más sobrenatural sobre estos seres.

De hecho, pronto revela su creencia de que los MIB son nada menos que criaturas extraterrestres que intentan cubrir sus propias huellas.

. . .

Gray Barker, que siempre insistió en que los MIB eran totalmente humanos, se mostró bastante disgustado con la conclusión de este libro, e incluso llegó a decir a sus colegas aficionados a los ovnis que no lo creyeran. Barker llegó incluso a insinuar que Bender había creado su cuento fantástico para desinformar, tal vez incluso a instancias de los propios MIB. Supuestamente, se trataba de un esfuerzo por alejar a la gente de lo que realmente estaba ocurriendo.

Realidad, ficción o fantasía, sigue siendo una lectura interesante.

La verdad tras los hombres de negro. Jenny Randles

Este libro, escrito por Jenny Randles, célebre investigadora OVNI del otro lado del charco, sigue siendo un tremendo recurso para cualquiera que busque saber más sobre el aspecto internacional del MIB. En particular, Randles proporciona una gran visión de los encuentros MIB británicos. Su libro es un gran complemento a lo que ya se sabe sobre el fenómeno con base en EE.UU., ayudando a proporcionar detalles sobre lo que es, de hecho, un acontecimiento internacional de mayor alcance.

Enciclopedia mundial de ovnis y encuentros con extraterrestres

Este libro es absolutamente un gran recurso cuando se trata de todas las cosas OVNI y extraterrestres, y proporciona un gran punto de referencia para los encuentros MIB también. Si desea saber más acerca de muchos de los eventos descritos en este libro, así como otros casos no mencionados aquí, lea este libro.

Los verdaderos Hombres de Negro. Nick Redfern

Nick Redfern es desde hace tiempo un entusiasta de los MIB y ha dedicado muchos años a investigar los informes sobre los Hombres de Negro. Este libro proporciona una amplia gama de ideas sobre el fenómeno. Si desea saber más sobre los MIB, no dude en adquirir este libro.

La grieta del universo. Jean-Claude Bourret

. . .

Para cualquier persona interesada en el aspecto metafísico del MIB, este libro proporciona una verdadera riqueza de datos y puntos de vista sobre el tema. Si desea saber más sobre la naturaleza interdimensional que a menudo se atribuye a la actividad del MIB, ¡entonces también querrá leer este libro!

Y ahora, querido lector, nuestro complejo viaje al multifacético reino crepuscular de los Hombres de Negro llega a su fin. Ha sido un viaje salvaje e inquietante. Hemos visto que lo que, para muchos, ha sido durante mucho tiempo percibido como un fenómeno que tiene sus raíces únicamente en el ámbito del engaño, la identidad equivocada, el espionaje gubernamental, los agentes secretos y los visitantes del Pentágono, el FBI y el Departamento de Seguridad Nacional, en realidad no es nada de eso.

Sí, en algunos casos estamos tratando con ciertos personajes que acechan en posiciones de poder, y que desean mantenernos en la oscuridad acerca de lo que realmente se sabe sobre el enigma OVNI a nivel gubernamental. Y, sí, ha habido casos de error de identidad y de engaño. Pero en su mayor parte, cuando se trata de los Hombres de Negro estamos tratando con fenómenos que son mucho, mucho más extraños y mucho más aterradores que cualquier agente del gobierno que venga a silenciar a los testigos.

Como hemos visto, es muy posible que haya varios puntos de origen de los Hombres de Negro. Algunos MIB, como los experimentados por Albert Bender, pueden haber nacido de nada más extraño que repetidos fallos de encendido del cerebro del hombre, junto con una imaginación fértil, hiperactiva y dominada por alienígenas que pasó demasiado tiempo encerrado solo en un ático espeluznante y lleno de telarañas.

Pero de la pura potencia de esta imaginería de los MIB nació en Tulpas el horrible nacimiento de tres hombres sombríos que rápidamente descubrieron que disfrutaban mucho de su recién descubierta libertad y existencia, y desde entonces se han embarcado en un reino de terror como medio para continuar su precaria existencia en nuestro mundo.

Dados los estrechos vínculos que los Hombres de Negro parecen tener con la posesión psíquica del individuo, los tableros Ouija, y la actividad poltergeist, parece seguro concluir que su vínculo con el ocultismo es también un área válida de investigación que puede desvelar los secretos de otro aspecto del fenómeno MIB, o tal vez incluso a un aspecto relacionado que todavía tenemos que comprender plenamente. Además, si las teorías únicas de Joshua P. Warren son correctas -que algunos de los Hombres de Negro pueden originarse en un punto lejano de nuestro propio futuro- tales revelaciones sorprendentes provocan e incluso exigen revisiones importantes de nuestras creencias y enseñanzas científicas. Que el pasado, el presente y el futuro puedan no estar grabados en piedra, que los tres puedan estar en constantes y vertiginosos estados de cambio, y que los MIB puedan estar íntimamente implicados en la protección y manipulación secreta de innumerables líneas temporales de forma casi infinita, ¡es casi tan extraño como los propios visitantes de traje negro!

Antes de irse, recuerde mi prudente consejo: Si decide perseguir al MIB, y un día recibe esos temidos y lentos golpes en la puerta de su casa, por su bien y el de todos los que le son queridos, déjela firmemente cerrada y sin abrir. Si no sigues este consejo, al menos presta atención y respeta las siguientes palabras de advertencia de

Brad Steiger, porque son las palabras de alguien que sabe de lo que habla:

"Los Hombres de Negro son reales, y si realmente te dedicas a perseguir esto, entonces uno puede llegar a estar en gran peligro. Nos enfrentamos a algo que ninguno de nosotros puede comprender del todo".

www.ingramcontent.com/pod-product-compliance
Lightning Source LLC
Chambersburg PA
CBHW072158070526
44585CB00015B/1200